Ivan Kouchnir

Économie de la Birmanie

Série "Economie dans les pays"

première publication: 2020
dernière mise à jour: 2021-01-21

Ivan Kouchnir. Économie de la Birmanie. Série "Economie dans les pays". - 2020. - 73 pages.

Ce livre sur l'économie de la Birmanie des années 1970 aux années 2010. Données source provenant de UN Data.

Taille. Dans les années 2010, le produit intérieur brut de la Birmanie s'élevait à 65,6 milliards de dollars par an; la valeur de l'agriculture était de 17,5 milliards de dollars; la valeur de l'industrie était de 18,5 milliards de dollars. Comme la part dans le monde était comprise entre 0,01% et 0,1%, le pays est classé une petite économie.

Productivité. Dans les années 2010, le produit intérieur brut par habitant était de 1 252,3 dollars; l'agriculture par habitant était de 333,8 dollars; l'industrie par habitant était de 353,4 dollars. Étant donné que la productivité est inférieure à la moyenne inférieure à la moyenne, l'économie est classée comme moins développée.

Croissance. Dans les années 2010, la croissance du produit intérieur brut était de 6,6%; la croissance de l'agriculture était de 1,3%; la croissance de l'industrie était de 9,6%.

Structure. Dans les années 2010, l'économie de la Birmanie était composée des secteurs suivants: agriculture (44,9%), commerce (26,9%), services (12,1%), industrie (10,3%), transport (4,7%), construction (1,2%).

Exportation et importation. Dans les années 2010, les importations étaient supérieures de 21,7% aux exportations, les importations nettes représentant 4,8% du PIB. La structure technologique des exportations n'est pas meilleure que la structure des importations.

Consommation et reproduction. L'attitude de la reproduction vis-à-vis de la consommation n'est pas meilleure que la moyenne mondiale; ainsi la part du PIB dans le monde n'augmentera donc pas.

Série "Economie dans les pays": parallel.page.link/fr

© Ivan Kouchnir, 2020

Tous les droits sont réservés.

ISBN: 9798614142933

Contenu

Partie I. Taille — 4
- Chapitre I. Produit intérieur brut — 5
- Chapitre II. Valeur ajoutée — 9
- Chapitre III. Revenu national brut — 13

Partie II. Structure — 17
- Chapitre IV. Agriculture — 18
- Chapitre V. Industrie — 22
  - Chapitre 5.1. Fabrication — 26
- Chapitre VI. Construction — 30
- Chapitre VII. Transport — 34
- Chapitre VIII. Commerce — 38
- Chapitre IX. Services — 42

Partie III. Relations extérieures — 46
- Chapitre X. Exportations — 47
- Chapitre XI. Importations — 52

Partie IV. Consommation — 57
- Chapitre XII. Dépenses publiques — 58
- Chapitre XIII. Dépenses ménagères — 62
- Chapitre XIV. Consommation de nourriture — 66

Partie V. Reproduction — 69
- Chapitre XV. Formation de capital fixe — 70

Partie I. Taille

	Les années 2010
PIB	65,6 milliards de dollars
Partager dans le monde	0,084%
Partager en Asie	0,24%
Partager en Asie du Sud-Est	2,5%

Chapitre I. Produit intérieur brut

Le produit intérieur brut de la Birmanie est passé de 4,0 milliards de dollars par an dans les années 1970 à 65,6 milliards de dollars par an dans les années 2010, c'est-à-dire 61,7 milliards de dollars ou de 16,6 fois. La variation a été de 15,7 milliards de dollars en raison de l'augmentation de 1,3 fois des prix, et de 43,1 milliards de dollars en raison de la croissance de productivité de 7,3 fois, et de 2,9 milliards de dollars en raison de la croissance démographique. La croissance annuelle moyenne du PIB était de 6,1%. La valeur minimale était de 2,7 milliards de dollars en 1970. La valeur maximale était de 76,8 milliards de dollars en 2019.

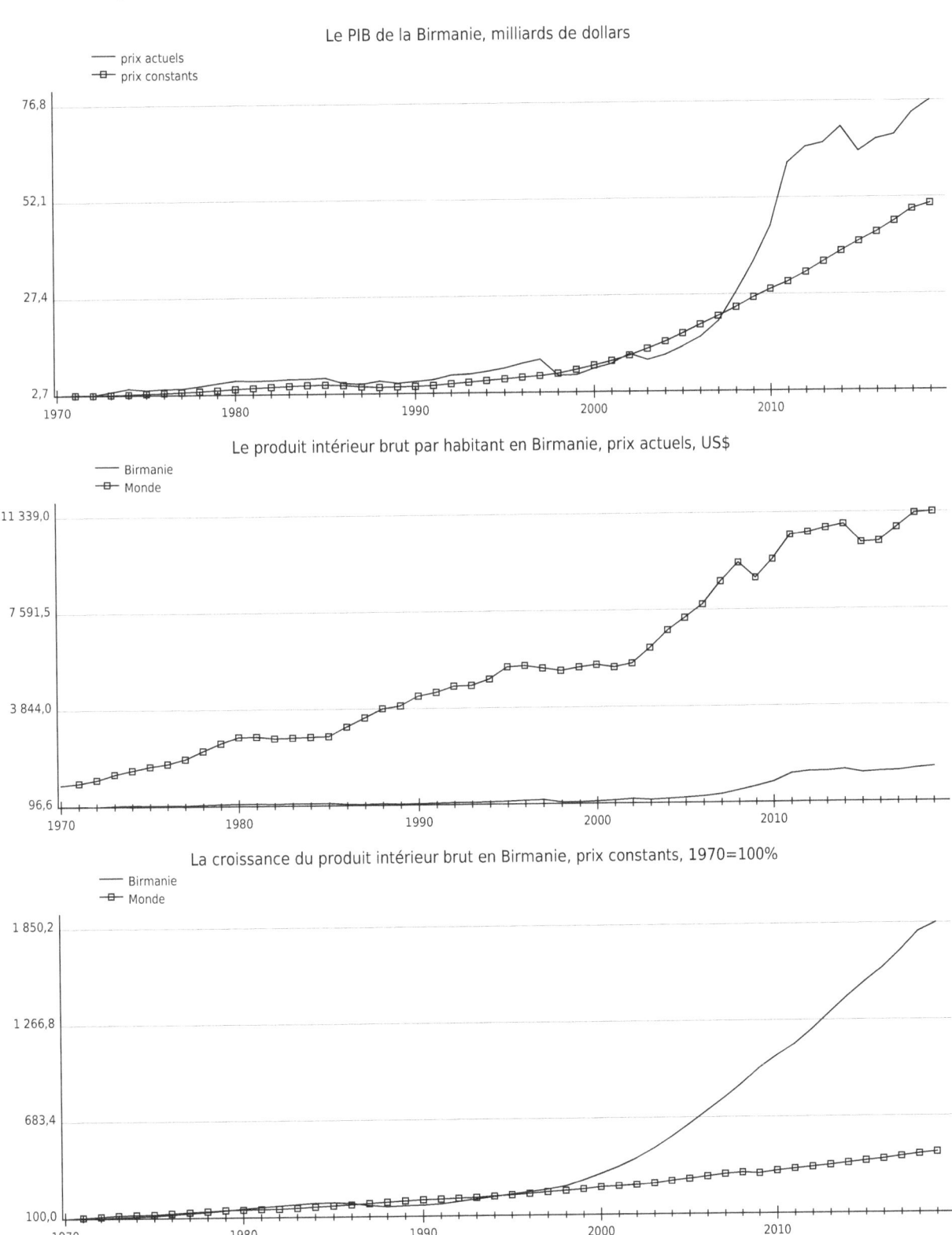

Les années 1970

Le PIB de la Birmanie était de 4,0 milliards de dollars par an dans les années 1970, se situant au 77ème rang mondial à égalité avec l'Éthiopie (3,9 milliards de dollars). La part dans le monde était de 0,060% et de 0,32% en Asie.

Le PIB de la Birmanie était constitué des dépenses ménagères (76,1%), de la formation de capital (14,3%) et des dépenses publiques (12,6%).

Le PIB par habitant en Birmanie était de 130.3 dollars dans les années 1970, se situant au 175ème rang mondial. Le PIB par habitant en Birmanie était 12,4 fois inférieur le PIB par habitant au Monde (1 620,8 US$), et 4,0 fois inférieur le PIB par habitant en Asie (525,2 US$).

La croissance du PIB en Birmanie était de 3.9% dans les années 1970, se situant au 99ème rang mondial, à égalité avec le Suriname (3,9%), le Bhoutan (3,9%), le Belize (3,9%). La croissance du PIB en Birmanie (3,9%) a été inférieure à celle du monde (4,1%), et inférieure à celle de l'Asie (5,5%).

Comparaison avec les voisins. Le PIB de la Birmanie était supérieur à celui du Laos (196,7 millions de dollars); mais inférieur à celui de la Chine (156,3 milliards de dollars), de l'Inde (100,0 milliards de dollars), de la Thaïlande (15,7 milliards de dollars) et du Bangladesh (8,8 milliards de dollars). Le PIB par habitant en Birmanie était supérieur à celui du Bangladesh (126,0 de dollars) et du Laos (65,9 de dollars); mais inférieur à celui de la Thaïlande (375,3 de dollars), de la Chine (171,0 de dollars) et de l'Inde (162,0 de dollars). La croissance du PIB en Birmanie était supérieure à celle du Laos (3,0%), de l'Inde (2,6%) et du Bangladesh (0,81%); mais inférieure à celle de la Thaïlande (7,0%) et de la Chine (6,0%).

Comparaison avec les leaders. Le PIB de la Birmanie était inférieur à celui des États-Unis (1,7 billions de dollars), de l'URSS (649,4 milliards de dollars), du Japon (558,0 milliards de dollars), de l'Allemagne (484,2 milliards de dollars) et de la France (333,2 milliards de dollars). Le PIB par habitant en Birmanie était inférieur à celui des États-Unis (7 838,7 de dollars), de la France (6 214,9 de dollars), de l'Allemagne (6 148,9 de dollars), du Japon (5 011,3 de dollars) et de l'URSS (2 574,9 de dollars). La croissance du produit intérieur brut en Birmanie était supérieure à celle de la France (3,9%), des États-Unis (3,5%) et de l'Allemagne (3,1%); mais inférieure à celle de l'URSS (4,8%) et du Japon (4,6%).

Les années 1980

Le PIB de la Birmanie était de 6,0 milliards de dollars par an dans les années 1980, au 85ème rang mondial à égalité avec le Paraguay (6,0 milliards de dollars). La part dans le monde était de 0,040% et de 0,17% en Asie.

Le PIB de la Birmanie était constitué des dépenses ménagères (75,3%), de la formation de capital (15,9%) et des dépenses publiques (12,3%).

Le produit intérieur brut par habitant en Birmanie était de 161 dollars dans les années 1980, au 181ème rang mondial, à égalité avec le Laos (158,7 de dollars). Le PIB par habitant en Birmanie était 19,4 fois inférieur le PIB par habitant au Monde (3 123,4 US$), et 7,6 fois inférieur le PIB par habitant en Asie (1 222,0 US$).

La croissance du produit intérieur brut en Birmanie était de 1.5% dans les années 1980, se classant au 140ème rang mondial, à égalité avec la Hongrie (1,5%). La croissance du PIB en Birmanie (1,5%) a été inférieure à celle du monde (3,0%), et inférieure à celle de l'Asie (4,6%).

Comparaison avec les voisins. Le PIB de la Birmanie était supérieur à celui du Laos (580,4 millions de dollars); mais inférieur à celui de la Chine (330,0 milliards de dollars), de l'Inde (241,0 milliards de dollars), de la Thaïlande (46,8 milliards de dollars) et du Bangladesh (19,8 milliards de dollars). Le produit intérieur brut par habitant en Birmanie était supérieur à celui du Laos (158,7 de dollars); mais inférieur à celui de la Thaïlande (908,3 de dollars), de l'Inde (310,5 de dollars), de la Chine (307,7 de dollars) et du Bangladesh (219,8 de dollars). La croissance du PIB en Birmanie était inférieure à celle de la Chine (9,7%), de la Thaïlande (7,2%), du Laos (6,4%), de l'Inde (5,7%) et du Bangladesh (3,3%).

Comparaison avec les leaders. Le PIB de la Birmanie était inférieur à celui des États-Unis (4,2 billions de dollars), du Japon (1,8 billions de dollars), de l'Allemagne (990,0 milliards de dollars), de l'URSS (887,0 milliards de dollars) et de la France (729,5 milliards de dollars). Le PIB par habitant en Birmanie était inférieur à celui des États-Unis (17 427,1 de dollars), du Japon (14 970,9 de dollars), de la France (12 907,5 de dollars), de l'Allemagne (12 688,8 de dollars) et de l'URSS (3 222,9 de dollars). La croissance du PIB en Birmanie était inférieure à celle de l'URSS (4,3%), du Japon (4,3%), des États-Unis (3,1%), de la France (2,3%) et de l'Allemagne

Chapitre I. Produit intérieur brut

(1,9%).

Les années 1990

Le produit intérieur brut de la Birmanie était de 7,9 milliards de dollars par an dans les années 1990, se classant au 98ème rang mondial. La part dans le monde était de 0,028% et de 0,10% en Asie.

Le PIB de la Birmanie était constitué des dépenses ménagères (76,9%), de la formation de capital (13,0%) et des dépenses publiques (10,9%).

Le produit intérieur brut par habitant en Birmanie était de 181 dollars dans les années 1990, se situant au 203ème rang mondial, à égalité avec le Liberia (180,2 de dollars). Le produit intérieur brut par habitant en Birmanie était 27,7 fois inférieur le produit intérieur brut par habitant au Monde (5 020,1 US$), et 12,4 fois inférieur le produit intérieur brut par habitant en Asie (2 243,8 US$).

La croissance du PIB en Birmanie était de 6.5% dans les années 1990, au 19ème rang mondial. La croissance du PIB en Birmanie (6,5%) a été supérieure à celle du monde (2,8%), et supérieure à celle de l'Asie (4,7%).

Comparaison avec les voisins. Le PIB de la Birmanie était supérieur à celui du Laos (1,5 milliards de dollars); mais inférieur à celui de la Chine (716,7 milliards de dollars), de l'Inde (361,1 milliards de dollars), de la Thaïlande (132,4 milliards de dollars) et du Bangladesh (36,1 milliards de dollars). Le PIB par habitant en Birmanie était inférieur à celui de la Thaïlande (2 231,7 de dollars), de la Chine (581,3 de dollars), de l'Inde (378,0 de dollars), du Bangladesh (316,0 de dollars) et du Laos (307,7 de dollars). La croissance du produit intérieur brut en Birmanie était supérieure à celle du Laos (6,3%), de l'Inde (5,7%), de la Thaïlande (5,2%) et du Bangladesh (4,8%); mais inférieure à celle de la Chine (10,0%).

Comparaison avec les leaders. Le PIB de la Birmanie était inférieur à celui des États-Unis (7,6 billions de dollars), du Japon (4,3 billions de dollars), de l'Allemagne (2,2 billions de dollars), de la France (1,4 billions de dollars) et du Royaume-Uni (1,3 billions de dollars). Le produit intérieur brut par habitant en Birmanie était inférieur à celui du Japon (34 325,0 de dollars), des États-Unis (28 654,0 de dollars), de l'Allemagne (27 003,8 de dollars), de la France (24 100,9 de dollars) et du Royaume-Uni (22 920,4 de dollars). La croissance du PIB en Birmanie était supérieure à celle des États-Unis (3,2%), du Royaume-Uni (2,3%), de l'Allemagne (2,2%), de la France (2,0%) et du Japon (1,5%).

Les années 2000

Le PIB de la Birmanie était de 16,9 milliards de dollars par an dans les années 2000, au 95ème rang mondial à égalité avec la Côte d'Ivoire (17,0 milliards de dollars), le Panama (17,1 milliards de dollars), la Mélanésie (17,1 milliards de dollars). La part dans le monde était de 0,036% et de 0,13% en Asie.

Le produit intérieur brut de la Birmanie était constitué des dépenses ménagères (75,5%), de la formation de capital (15,4%) et des dépenses publiques (8,1%).

Le PIB par habitant en Birmanie était de 346.6 dollars dans les années 2000, se situant au 199ème rang mondial, à égalité avec l'Érythrée (344,7 de dollars). Le PIB par habitant en Birmanie était 20,7 fois inférieur le PIB par habitant au Monde (7 176,3 US$), et 9,2 fois inférieur le PIB par habitant en Asie (3 180,5 US$).

La croissance du PIB en Birmanie était de 12.2% dans les années 2000, se classant au 3ème rang mondial, à égalité avec le Qatar (12,1%). La croissance du produit intérieur brut en Birmanie (12,2%) a été supérieure à celle du monde (3,0%), et supérieure à celle de l'Asie (5,2%).

Comparaison avec les voisins. Le produit intérieur brut de la Birmanie était supérieur à celui du Laos (3,3 milliards de dollars); mais inférieur à celui de la Chine (2,6 billions de dollars), de l'Inde (831,2 milliards de dollars), de la Thaïlande (195,3 milliards de dollars) et du Bangladesh (64,7 milliards de dollars). Le PIB par habitant en Birmanie était inférieur à celui de la Thaïlande (3 000,7 de dollars), de la Chine (1 954,1 de dollars), de l'Inde (730,3 de dollars), du Laos (580,5 de dollars) et du Bangladesh (470,6 de dollars). La croissance du PIB en Birmanie était supérieure à celle de la Chine (10,3%), du Laos (7,0%), de l'Inde (6,3%), du Bangladesh (5,8%) et de la Thaïlande (4,3%).

Comparaison avec les leaders. Le produit intérieur brut de la Birmanie était inférieur à celui des États-Unis (12,6 billions de dollars), du Japon (4,7 billions de dollars), de l'Allemagne (2,8 billions de dollars), de la Chine (2,6 billions de dollars) et du Royaume-Uni (2,3 billions de dollars). Le PIB par habitant en Birmanie était inférieur à celui des États-Unis (42 841,2 de dollars), du Royaume-Uni (38 399,3 de dollars), du Japon (36 386,2 de dollars), de l'Allemagne (33 966,8 de dollars) et de la Chine (1 954,1 de dollars). La croissance du PIB en Birmanie était supérieure à celle de la Chine (10,3%), des États-Unis (1,9%), du Royaume-Uni (1,7%), de l'Allemagne (0,73%) et du Japon (0,50%).

Les années 2010

Le PIB de la Birmanie était de 65,6 milliards de dollars par an dans les années 2010, au 70ème rang mondial à égalité avec l'Ouzbékistan (64,4 milliards de dollars), le Kenya (64,4 milliards de dollars). La part dans le monde était de 0,084% et de 0,24% en Asie.

Le PIB de la Birmanie était constitué des dépenses ménagères (56,3%), de la formation de capital (31,9%) et des dépenses publiques (14,4%).

Le produit intérieur brut par habitant en Birmanie était de 1252.3 dollars dans les années 2010, se classant au 175ème rang mondial, à égalité avec le Pakistan (1 243,9 de dollars), le Bangladesh (1 239,0 de dollars). Le PIB par habitant en Birmanie était 8,5 fois inférieur le PIB par habitant au Monde (10 603,1 US$), et 5,0 fois inférieur le produit intérieur brut par habitant en Asie (6 207,1 US$).

La croissance du produit intérieur brut en Birmanie était de 6.6% dans les années 2010, au 19ème rang mondial, à égalité avec la Tanzanie (6,6%), l'Inde (6,7%). La croissance du PIB en Birmanie (6,6%) a été supérieure à celle du monde (3,1%), et supérieure à celle de l'Asie (5,2%).

Comparaison avec les voisins. Le PIB de la Birmanie était 4,8 fois supérieur à celui du Laos (13,6 milliards de dollars); mais 160,1 fois inférieur à celui de la Chine (10,5 billions de dollars), 33,7 fois inférieur à celui de l'Inde (2,2 billions de dollars), 6,5 fois inférieur à celui de la Thaïlande (425,3 milliards de dollars) et 2,9 fois inférieur à celui du Bangladesh (192,5 milliards de dollars). Le produit intérieur brut par habitant en Birmanie était 1,1% supérieur à celui du Bangladesh (1 239,0 de dollars); mais 6,0 fois inférieur à celui de la Chine (7 491,3 de dollars), 5,0 fois inférieur à celui de la Thaïlande (6 208,3 de dollars), 38,2% inférieur à celui du Laos (2 025,5 de dollars) et 26,2% inférieur à celui de l'Inde (1 696,8 de dollars). La croissance du produit intérieur brut en Birmanie était supérieure à celle de la Thaïlande (3,6%); mais inférieure à celle de la Chine (7,7%), du Laos (7,2%), du Bangladesh (6,8%) et de l'Inde (6,7%).

Comparaison avec les leaders. Le PIB de la Birmanie était 273,7 fois inférieur à celui des États-Unis (18,0 billions de dollars), 160,1 fois inférieur à celui de la Chine (10,5 billions de dollars), 79,7 fois inférieur à celui du Japon (5,2 billions de dollars), 55,8 fois inférieur à celui de l'Allemagne (3,7 billions de dollars) et 42,2 fois inférieur à celui du Royaume-Uni (2,8 billions de dollars). Le PIB par habitant en Birmanie était 44,9 fois inférieur à celui des États-Unis (56 220,1 de dollars), 35,7 fois inférieur à celui de l'Allemagne (44 732,1 de dollars), 33,7 fois inférieur à celui du Royaume-Uni (42 176,3 de dollars), 32,6 fois inférieur à celui du Japon (40 869,8 de dollars) et 6,0 fois inférieur à celui de la Chine (7 491,3 de dollars). La croissance du PIB en Birmanie était supérieure à celle des États-Unis (2,3%), de l'Allemagne (1,9%), du Royaume-Uni (1,8%) et du Japon (1,3%); mais inférieure à celle de la Chine (7,7%).

Chapitre II. Valeur ajoutée

La valeur ajoutée de la Birmanie est passé de 3,8 milliards de dollars par an dans les années 1970 à 64,9 milliards de dollars par an dans les années 2010, c'est-à-dire 61,1 milliards de dollars ou de 17,3 fois. La variation a été de 17,9 milliards de dollars en raison de l'augmentation de 1,4 fois des prix, et de 40,5 milliards de dollars en raison de la croissance de productivité de 7,2 fois, et de 2,7 milliards de dollars en raison de la croissance démographique. La croissance annuelle moyenne de la valeur ajoutée était de 6,2%. La valeur minimale était de 2,2 milliards de dollars en 1972. La valeur maximale était de 76,8 milliards de dollars en 2019.

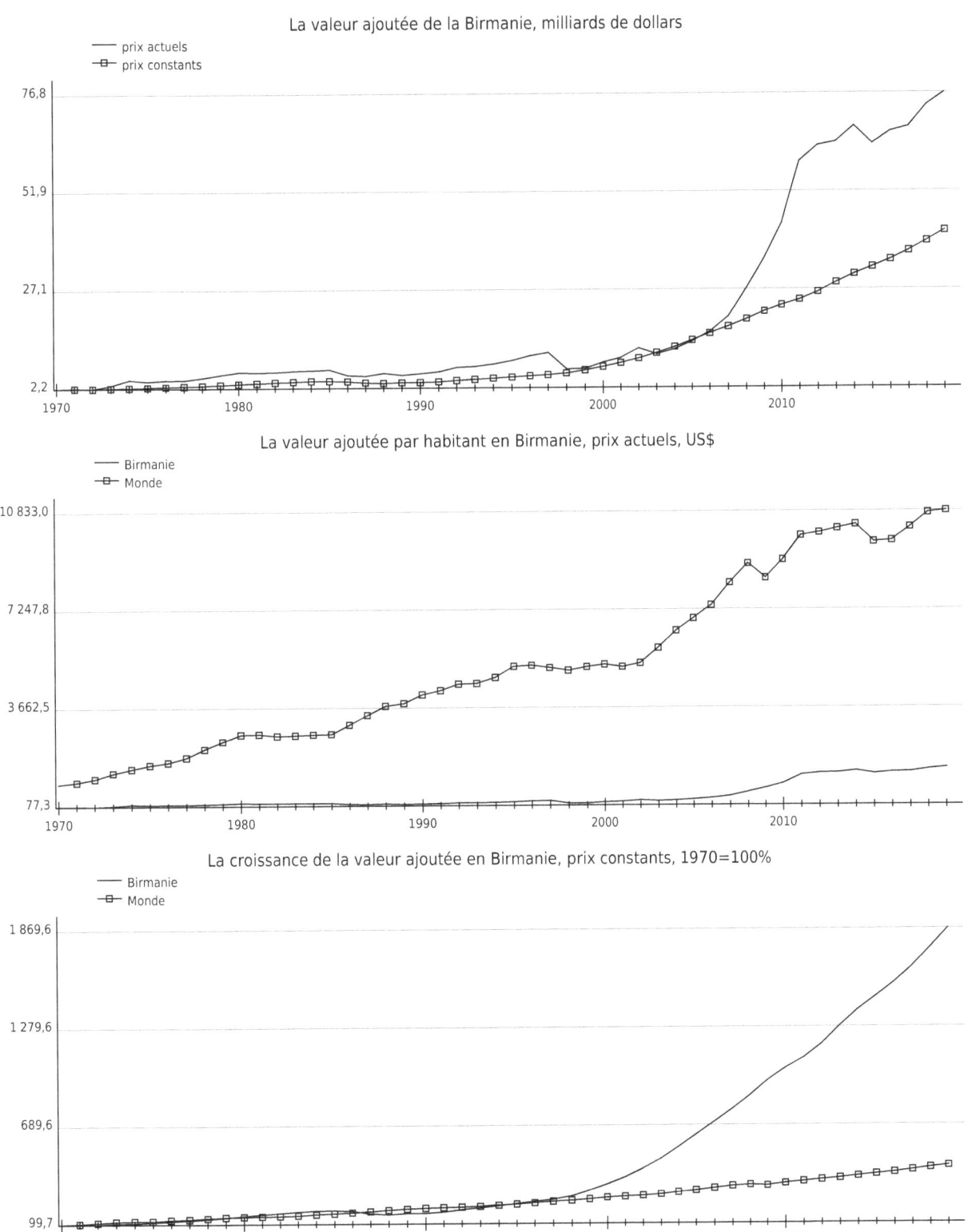

Les années 1970

La valeur ajoutée de la Birmanie était de 3,8 milliards de dollars par an dans les années 1970, se situant au 75ème rang mondial à égalité avec la Tunisie (3,7 milliards de dollars). La part dans le monde était de 0,059% et de 0,32% en Asie.

La valeur ajoutée totale de la Birmanie était constituée de: agriculture (44,9%), commerce (26,9%), services (12,1%), industrie (10,3%), transport (4,7%), construction (1,2%).

La valeur ajoutée par habitant en Birmanie était de 123.9 dollars dans les années 1970, se classant au 173ème rang mondial, à égalité avec le Mali (122,5 de dollars). La valeur ajoutée par habitant en Birmanie était 12,6 fois inférieure la valeur ajoutée par habitant au Monde (1 564,4 US$), et 4,1 fois inférieure la valeur ajoutée par habitant en Asie (508,3 US$).

La croissance de la valeur ajoutée en Birmanie était de 3.7% dans les années 1970, se classant au 113ème rang mondial, à égalité avec d'Antigua-et-Barbuda (3,7%), la Belgique (3,7%). La croissance de la valeur ajoutée en Birmanie (3,7%) a été inférieure à celle du monde (3,9%), et inférieure à celle de l'Asie (5,5%).

Comparaison avec les voisins. La valeur ajoutée de la Birmanie était supérieure à celle du Laos (195,6 millions de dollars); mais inférieure à celle de la Chine (156,3 milliards de dollars), de l'Inde (90,5 milliards de dollars), de la Thaïlande (15,7 milliards de dollars) et du Bangladesh (8,4 milliards de dollars). La valeur ajoutée par habitant en Birmanie était supérieure à celle du Bangladesh (119,6 de dollars) et du Laos (65,5 de dollars); mais inférieure à celle de la Thaïlande (375,3 de dollars), de la Chine (171,0 de dollars) et de l'Inde (146,6 de dollars). La croissance de la valeur ajoutée en Birmanie était supérieure à celle du Laos (3,0%), de l'Inde (2,4%) et du Bangladesh (1,1%); mais inférieure à celle de la Thaïlande (7,2%) et de la Chine (4,7%).

Comparaison avec les leaders. La valeur ajoutée de la Birmanie était inférieure à celle des États-Unis (1,7 billions de dollars), de l'URSS (649,4 milliards de dollars), du Japon (545,3 milliards de dollars), de l'Allemagne (444,9 milliards de dollars) et de la France (297,3 milliards de dollars). La valeur ajoutée par habitant en Birmanie était inférieure à celle des États-Unis (7 767,9 de dollars), de l'Allemagne (5 650,3 de dollars), de la France (5 544,4 de dollars), du Japon (4 897,5 de dollars) et de l'URSS (2 574,9 de dollars). La croissance de la valeur ajoutée en Birmanie était supérieure à celle de la France (3,7%), de l'Allemagne (3,1%) et des États-Unis (2,9%); mais inférieure à celle du Japon (4,9%) et de l'URSS (4,8%).

Les années 1980

La valeur ajoutée de la Birmanie était de 6,1 milliards de dollars par an dans les années 1980, au 83ème rang mondial à égalité avec le Mozambique (6,0 milliards de dollars). La part dans le monde était de 0,042% et de 0,18% en Asie.

La valeur ajoutée totale de la Birmanie était constituée de: agriculture (51,7%), commerce (22,6%), services (9,9%), industrie (9,8%), transport (4,5%), construction (1,4%).

La valeur ajoutée par habitant en Birmanie était de 162.7 dollars dans les années 1980, au 179ème rang mondial. La valeur ajoutée par habitant en Birmanie était 18,6 fois inférieure la valeur ajoutée par habitant au Monde (3 029,9 US$), et 7,3 fois inférieure la valeur ajoutée par habitant en Asie (1 191,9 US$).

La croissance de la valeur ajoutée en Birmanie était de 1.5% dans les années 1980, au 143ème rang mondial, à égalité avec les Fidji (1,5%). La croissance de la valeur ajoutée en Birmanie (1,5%) a été inférieure à celle du monde (2,9%), et inférieure à celle de l'Asie (4,3%).

Comparaison avec les voisins. La valeur ajoutée de la Birmanie était supérieure à celle du Laos (573,1 millions de dollars); mais inférieure à celle de la Chine (330,0 milliards de dollars), de l'Inde (212,0 milliards de dollars), de la Thaïlande (46,8 milliards de dollars) et du Bangladesh (19,0 milliards de dollars). La valeur ajoutée par habitant en Birmanie était supérieure à celle du Laos (156,7 de dollars); mais inférieure à celle de la Thaïlande (908,3 de dollars), de la Chine (307,7 de dollars), de l'Inde (273,2 de dollars) et du Bangladesh (211,4 de dollars). La croissance de la valeur ajoutée en Birmanie était inférieure à celle de la Chine (9,4%), de la Thaïlande (7,2%), du Laos (6,5%), de l'Inde (5,8%) et du Bangladesh (3,6%).

Comparaison avec les leaders. La valeur ajoutée de la Birmanie était inférieure à celle des États-Unis (4,2 billions de dollars), du Japon (1,8 billions de dollars), de l'Allemagne (907,0 milliards de dollars), de l'URSS (887,0 milliards de dollars) et de la France (650,9 milliards de dollars). La valeur ajoutée par habitant en Birmanie était inférieure à celle des États-Unis (17 439,9 de dollars), du Japon (14 839,7 de dollars), de l'Allemagne (11 624,4 de dollars), de la France (11 516,2 de dollars) et de l'URSS (3 222,9 de dollars). La croissance de la valeur ajoutée en Birmanie était inférieure à celle de l'URSS (4,3%), du Japon (4,2%), des États-Unis (2,8%), de la

Chapitre II. Valeur ajoutée

France (2,2%) et de l'Allemagne (2,0%).

Les années 1990

La valeur ajoutée de la Birmanie était de 8,0 milliards de dollars par an dans les années 1990, au 97ème rang mondial à égalité avec Chypre (8,0 milliards de dollars), la Lituanie (8,1 milliards de dollars). La part dans le monde était de 0,029% et de 0,10% en Asie.

La valeur ajoutée totale de la Birmanie était constituée de: agriculture (61,0%), commerce (22,0%), industrie (7,2%), transport (4,1%), services (3,8%), construction (1,8%).

La valeur ajoutée par habitant en Birmanie était de 182 dollars dans les années 1990, se situant au 203ème rang mondial. La valeur ajoutée par habitant en Birmanie était 26,4 fois inférieure la valeur ajoutée par habitant au Monde (4 799,9 US$), et 12,1 fois inférieure la valeur ajoutée par habitant en Asie (2 197,3 US$).

La croissance de la valeur ajoutée en Birmanie était de 6.3% dans les années 1990, au 20ème rang mondial, à égalité avec les Maldives (6,3%), l'Irlande (6,3%). La croissance de la valeur ajoutée en Birmanie (6,3%) a été supérieure à celle du monde (2,7%), et supérieure à celle de l'Asie (4,6%).

Comparaison avec les voisins. La valeur ajoutée de la Birmanie était supérieure à celle du Laos (1,4 milliards de dollars); mais inférieure à celle de la Chine (716,7 milliards de dollars), de l'Inde (321,6 milliards de dollars), de la Thaïlande (132,4 milliards de dollars) et du Bangladesh (34,7 milliards de dollars). La valeur ajoutée par habitant en Birmanie était inférieure à celle de la Thaïlande (2 231,6 de dollars), de la Chine (581,3 de dollars), de l'Inde (336,7 de dollars), du Bangladesh (304,2 de dollars) et du Laos (302,6 de dollars). La croissance de la valeur ajoutée en Birmanie était supérieure à celle de l'Inde (5,6%), de la Thaïlande (5,1%), du Laos (5,0%) et du Bangladesh (4,8%); mais inférieure à celle de la Chine (9,4%).

Comparaison avec les leaders. La valeur ajoutée de la Birmanie était inférieure à celle des États-Unis (7,6 billions de dollars), du Japon (4,3 billions de dollars), de l'Allemagne (2,0 billions de dollars), de la France (1,3 billions de dollars) et du Royaume-Uni (1,2 billions de dollars). La valeur ajoutée par habitant en Birmanie était inférieure à celle du Japon (34 190,7 de dollars), des États-Unis (28 605,8 de dollars), de l'Allemagne (24 519,7 de dollars), de la France (21 588,1 de dollars) et du Royaume-Uni (21 414,8 de dollars). La croissance de la valeur ajoutée en Birmanie était supérieure à celle des États-Unis (2,8%), du Royaume-Uni (2,4%), de l'Allemagne (2,1%), de la France (1,8%) et du Japon (1,8%).

Les années 2000

La valeur ajoutée de la Birmanie était de 16,5 milliards de dollars par an dans les années 2000, se classant au 90ème rang mondial à égalité avec la Lettonie (16,4 milliards de dollars), le Cameroun (16,3 milliards de dollars), le Panama (16,2 milliards de dollars). La part dans le monde était de 0,037% et de 0,13% en Asie.

La valeur ajoutée totale de la Birmanie était constituée de: agriculture (44,9%), commerce (21,1%), industrie (15,6%), transport (11,5%), construction (3,7%), services (3,3%).

La valeur ajoutée par habitant en Birmanie était de 339.3 dollars dans les années 2000, se classant au 198ème rang mondial, à égalité avec le Tadjikistan (341,9 de dollars), la République centrafricaine (343,4 de dollars). La valeur ajoutée par habitant en Birmanie était 20,1 fois inférieure la valeur ajoutée par habitant au Monde (6 818,0 US$), et 9,2 fois inférieure la valeur ajoutée par habitant en Asie (3 111,3 US$).

La croissance de la valeur ajoutée en Birmanie était de 12.4% dans les années 2000, au 3ème rang mondial. La croissance de la valeur ajoutée en Birmanie (12,4%) a été supérieure à celle du monde (2,9%), et supérieure à celle de l'Asie (5,1%).

Comparaison avec les voisins. La valeur ajoutée de la Birmanie était supérieure à celle du Laos (3,0 milliards de dollars); mais inférieure à celle de la Chine (2,6 billions de dollars), de l'Inde (760,7 milliards de dollars), de la Thaïlande (195,3 milliards de dollars) et du Bangladesh (62,0 milliards de dollars). La valeur ajoutée par habitant en Birmanie était inférieure à celle de la Thaïlande (3 000,7 de dollars), de la Chine (1 954,1 de dollars), de l'Inde (668,3 de dollars), du Laos (528,3 de dollars) et du Bangladesh (450,6 de dollars). La croissance de la valeur ajoutée en Birmanie était supérieure à celle de la Chine (10,2%), du Laos (7,5%), de l'Inde (6,2%), du Bangladesh (5,8%) et de la Thaïlande (4,3%).

Comparaison avec les leaders. La valeur ajoutée de la Birmanie était inférieure à celle des États-Unis (12,6 billions de dollars), du Japon (4,7 billions de dollars), de la Chine (2,6 billions de dollars), de l'Allemagne (2,5 billions de dollars) et du Royaume-Uni (2,1 billions de dollars). La valeur ajoutée par habitant en Birmanie était inférieure à celle des États-Unis (42 840,8 de dollars), du Japon

(36 383,0 de dollars), du Royaume-Uni (34 611,1 de dollars), de l'Allemagne (30 717,6 de dollars) et de la Chine (1 954,1 de dollars). La croissance de la valeur ajoutée en Birmanie était supérieure à celle de la Chine (10,2%), des États-Unis (1,7%), du Royaume-Uni (1,7%), de l'Allemagne (0,65%) et du Japon (0,27%).

Les années 2010

La valeur ajoutée de la Birmanie était de 64,9 milliards de dollars par an dans les années 2010, se situant au 70ème rang mondial à égalité avec la République dominicaine (65,4 milliards de dollars). La part dans le monde était de 0,088% et de 0,24% en Asie.

La valeur ajoutée totale de la Birmanie était constituée de: industrie (28,5%), agriculture (27,0%), commerce (19,5%), transport (13,4%), services (6,1%), construction (5,6%).

La valeur ajoutée par habitant en Birmanie était de 1238.2 dollars dans les années 2010, au 175ème rang mondial, à égalité avec le Sénégal (1 240,1 de dollars), le Timor oriental (1 232,1 de dollars), le Zimbabwe (1 245,7 de dollars). La valeur ajoutée par habitant en Birmanie était 8,2 fois inférieure la valeur ajoutée par habitant au Monde (10 094,6 US$), et 4,9 fois inférieure la valeur ajoutée par habitant en Asie (6 065,5 US$).

La croissance de la valeur ajoutée en Birmanie était de 6.9% dans les années 2010, au 14ème rang mondial, à égalité avec le Bangladesh (6,9%), le Cambodge (7,0%). La croissance de la valeur ajoutée en Birmanie (6,9%) a été supérieure à celle du monde (3,1%), et supérieure à celle de l'Asie (5,3%).

Comparaison avec les voisins. La valeur ajoutée de la Birmanie était 5,3 fois supérieure à celle du Laos (12,2 milliards de dollars); mais 161,9 fois inférieure à celle de la Chine (10,5 billions de dollars), 31,1 fois inférieure à celle de l'Inde (2,0 billions de dollars), 6,5 fois inférieure à celle de la Thaïlande (424,1 milliards de dollars) et 2,8 fois inférieure à celle du Bangladesh (183,1 milliards de dollars). La valeur ajoutée par habitant en Birmanie était 5,0% supérieure à celle du Bangladesh (1 178,7 de dollars); mais 6,1 fois inférieure à celle de la Chine (7 491,3 de dollars), 5,0 fois inférieure à celle de la Thaïlande (6 190,3 de dollars), 32,0% inférieure à celle du Laos (1 822,1 de dollars) et 20,2% inférieure à celle de l'Inde (1 552,2 de dollars). La croissance de la valeur ajoutée en Birmanie était supérieure à celle du Bangladesh (6,9%), de l'Inde (6,8%) et de la Thaïlande (3,6%); mais inférieure à celle de la Chine (7,7%) et du Laos (7,3%).

Comparaison avec les leaders. La valeur ajoutée de la Birmanie était 276,8 fois inférieure à celle des États-Unis (18,0 billions de dollars), 161,9 fois inférieure à celle de la Chine (10,5 billions de dollars), 80,2 fois inférieure à celle du Japon (5,2 billions de dollars), 50,9 fois inférieure à celle de l'Allemagne (3,3 billions de dollars) et 38,1 fois inférieure à celle du Royaume-Uni (2,5 billions de dollars). La valeur ajoutée par habitant en Birmanie était 45,4 fois inférieure à celle des États-Unis (56 220,3 de dollars), 32,8 fois inférieure à celle du Japon (40 660,3 de dollars), 32,6 fois inférieure à celle de l'Allemagne (40 346,4 de dollars), 30,4 fois inférieure à celle du Royaume-Uni (37 659,6 de dollars) et 6,1 fois inférieure à celle de la Chine (7 491,3 de dollars). La croissance de la valeur ajoutée en Birmanie était supérieure à celle des États-Unis (2,2%), de l'Allemagne (1,9%), du Royaume-Uni (1,8%) et du Japon (1,3%); mais inférieure à celle de la Chine (7,7%).

Chapitre III. Revenu national brut

Le RNB de la Birmanie est passé de 3,7 milliards de dollars par an dans les années 1970 à 64,3 milliards de dollars par an dans les années 2010, c'est-à-dire 60,6 milliards de dollars ou de 17,3 fois. La variation a été de 14,8 milliards de dollars en raison de l'augmentation de 1,3 fois des prix, et de 43,1 milliards de dollars en raison de la croissance de productivité de 7,7 fois, et de 2,7 milliards de dollars en raison de la croissance démographique. La croissance annuelle moyenne du revenu national brut était de 6,5%. La valeur minimale était de 2,2 milliards de dollars en 1972. La valeur maximale était de 74,0 milliards de dollars en 2019.

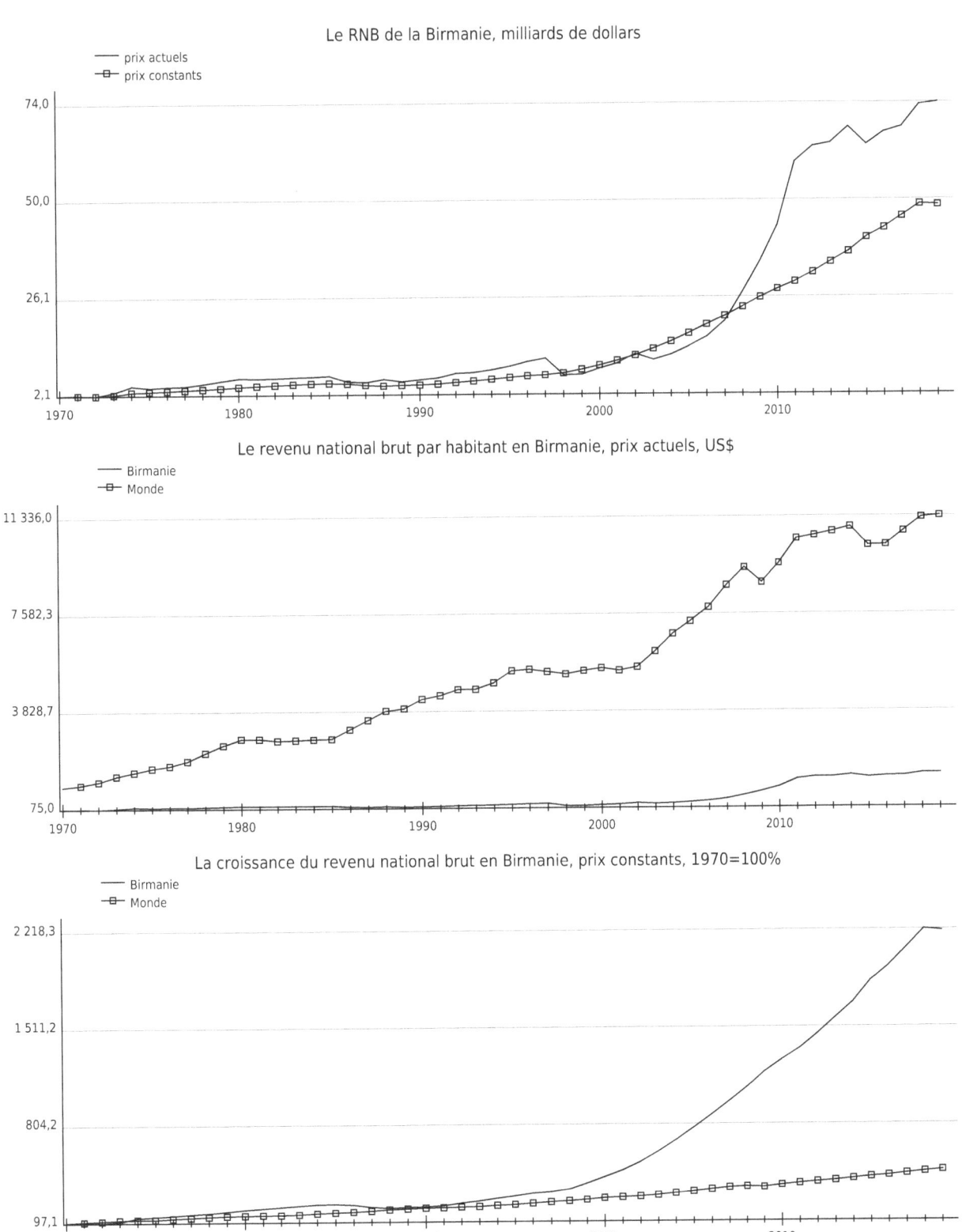

Les années 1970

Le RNB de la Birmanie était de 3,7 milliards de dollars par an dans les années 1970, se classant au 79ème rang mondial à égalité avec la République dominicaine (3,8 milliards de dollars), le Sri Lanka (3,8 milliards de dollars). La part dans le monde était de 0,057% et de 0,30% en Asie.

Le RNB par habitant en Birmanie était de 122.7 dollars dans les années 1970, se classant au 177ème rang mondial, à égalité avec la Guinée équatoriale (123,0 de dollars), la Somalie (120,2 de dollars), le Bangladesh (125,2 de dollars). Le revenu national brut par habitant en Birmanie était 13,2 fois inférieur le RNB par habitant au Monde (1 624,3 US$), et 4,3 fois inférieur le RNB par habitant en Asie (529,4 US$).

La croissance du revenu national brut en Birmanie était de 6.4% dans les années 1970, se classant au 47ème rang mondial, à égalité avec l'Algérie (6,4%), le Groenland (6,4%), Sainte-Lucie (6,4%). La croissance du RNB en Birmanie (6,4%) a été supérieure à celle du monde (4,1%), et supérieure à celle de l'Asie (5,5%).

Comparaison avec les voisins. Le RNB de la Birmanie était supérieur à celui du Laos (196,7 millions de dollars); mais inférieur à celui de la Chine (167,9 milliards de dollars), de l'Inde (99,7 milliards de dollars), de la Thaïlande (15,6 milliards de dollars) et du Bangladesh (8,8 milliards de dollars). Le revenu national brut par habitant en Birmanie était supérieur à celui du Laos (65,9 de dollars); mais inférieur à celui de la Thaïlande (373,1 de dollars), de la Chine (183,6 de dollars), de l'Inde (161,6 de dollars) et du Bangladesh (125,2 de dollars). La croissance du revenu national brut en Birmanie était supérieure à celle de la Chine (6,0%), du Laos (3,0%), de l'Inde (2,7%) et du Bangladesh (0,84%); mais inférieure à celle de la Thaïlande (6,8%).

Comparaison avec les leaders. Le RNB de la Birmanie était inférieur à celui des États-Unis (1,7 billions de dollars), de l'URSS (649,4 milliards de dollars), du Japon (558,5 milliards de dollars), de l'Allemagne (486,2 milliards de dollars) et de la France (334,3 milliards de dollars). Le revenu national brut par habitant en Birmanie était inférieur à celui des États-Unis (7 837,2 de dollars), de la France (6 235,1 de dollars), de l'Allemagne (6 174,4 de dollars), du Japon (5 015,3 de dollars) et de l'URSS (2 574,9 de dollars). La croissance du revenu national brut en Birmanie était supérieure à celle de l'URSS (4,8%), du Japon (4,7%), de la France (3,9%), des États-Unis (3,5%) et de l'Allemagne (3,0%).

Les années 1980

Le RNB de la Birmanie était de 6,0 milliards de dollars par an dans les années 1980, au 85ème rang mondial à égalité avec Trinité-et-Tobago (6,0 milliards de dollars), le Mozambique (6,1 milliards de dollars). La part dans le monde était de 0,040% et de 0,17% en Asie.

Le revenu national brut par habitant en Birmanie était de 160.7 dollars dans les années 1980, se classant au 181ème rang mondial, à égalité avec le Laos (158,7 de dollars), le Népal (163,8 de dollars). Le revenu national brut par habitant en Birmanie était 19,4 fois inférieur le revenu national brut par habitant au Monde (3 117,1 US$), et 7,7 fois inférieur le RNB par habitant en Asie (1 233,8 US$).

La croissance du revenu national brut en Birmanie était de 1.5% dans les années 1980, au 136ème rang mondial, à égalité avec le Sénégal (1,5%), l'Amérique du Sud (1,5%), les Émirats arabes unis (1,5%). La croissance du RNB en Birmanie (1,5%) a été inférieure à celle du monde (3,0%), et inférieure à celle de l'Asie (4,6%).

Comparaison avec les voisins. Le RNB de la Birmanie était supérieur à celui du Laos (580,4 millions de dollars); mais inférieur à celui de la Chine (347,6 milliards de dollars), de l'Inde (239,6 milliards de dollars), de la Thaïlande (46,1 milliards de dollars) et du Bangladesh (20,1 milliards de dollars). Le revenu national brut par habitant en Birmanie était supérieur à celui du Laos (158,7 de dollars); mais inférieur à celui de la Thaïlande (893,8 de dollars), de la Chine (324,1 de dollars), de l'Inde (308,7 de dollars) et du Bangladesh (223,3 de dollars). La croissance du revenu national brut en Birmanie était inférieure à celle de la Chine (9,4%), de la Thaïlande (7,2%), du Laos (6,4%), de l'Inde (5,5%) et du Bangladesh (3,5%).

Comparaison avec les leaders. Le revenu national brut de la Birmanie était inférieur à celui des États-Unis (4,2 billions de dollars), du Japon (1,8 billions de dollars), de l'Allemagne (996,5 milliards de dollars), de l'URSS (887,0 milliards de dollars) et de la France (732,1 milliards de dollars). Le revenu national brut par habitant en Birmanie était inférieur à celui des États-Unis (17 362,5 de dollars), du Japon (15 042,8 de dollars), de la France (12 952,6 de dollars), de l'Allemagne (12 771,0 de dollars) et de l'URSS (3 222,9 de dollars). La croissance du revenu national brut en Birmanie était inférieure à celle du Japon (4,4%), de l'URSS (4,3%), des États-Unis (3,1%), de la France (2,3%) et de l'Allemagne (2,0%).

Chapitre III. Revenu national brut

Les années 1990

Le RNB de la Birmanie était de 7,9 milliards de dollars par an dans les années 1990, au 97ème rang mondial. La part dans le monde était de 0,028% et de 0,10% en Asie.

Le revenu national brut par habitant en Birmanie était de 180.2 dollars dans les années 1990, se situant au 203ème rang mondial. Le revenu national brut par habitant en Birmanie était 27,7 fois inférieur le revenu national brut par habitant au Monde (4 991,4 US$), et 12,5 fois inférieur le RNB par habitant en Asie (2 257,5 US$).

La croissance du revenu national brut en Birmanie était de 6.2% dans les années 1990, se situant au 24ème rang mondial, à égalité avec le Bénin (6,2%). La croissance du RNB en Birmanie (6,2%) a été supérieure à celle du monde (2,8%), et supérieure à celle de l'Asie (4,6%).

Comparaison avec les voisins. Le revenu national brut de la Birmanie était supérieur à celui du Laos (1,5 milliards de dollars); mais inférieur à celui de la Chine (721,1 milliards de dollars), de l'Inde (357,1 milliards de dollars), de la Thaïlande (129,3 milliards de dollars) et du Bangladesh (37,1 milliards de dollars). Le revenu national brut par habitant en Birmanie était inférieur à celui de la Thaïlande (2 180,7 de dollars), de la Chine (584,9 de dollars), de l'Inde (373,8 de dollars), du Bangladesh (325,0 de dollars) et du Laos (305,1 de dollars). La croissance du RNB en Birmanie était supérieure à celle du Laos (6,1%), de l'Inde (5,8%), de la Thaïlande (5,0%) et du Bangladesh (4,9%); mais inférieure à celle de la Chine (9,3%).

Comparaison avec les leaders. Le RNB de la Birmanie était inférieur à celui des États-Unis (7,5 billions de dollars), du Japon (4,4 billions de dollars), de l'Allemagne (2,2 billions de dollars), de la France (1,4 billions de dollars) et du Royaume-Uni (1,3 billions de dollars). Le revenu national brut par habitant en Birmanie était inférieur à celui du Japon (34 665,3 de dollars), des États-Unis (28 503,5 de dollars), de l'Allemagne (27 004,0 de dollars), de la France (24 286,5 de dollars) et du Royaume-Uni (23 037,3 de dollars). La croissance du RNB en Birmanie était supérieure à celle des États-Unis (3,4%), de la France (2,2%), du Royaume-Uni (2,0%), de l'Allemagne (2,0%) et du Japon (1,5%).

Les années 2000

Le revenu national brut de la Birmanie était de 16,4 milliards de dollars par an dans les années 2000, se situant au 92ème rang mondial à égalité avec la Côte d'Ivoire (16,3 milliards de dollars), Chypre (16,3 milliards de dollars), la Mélanésie (16,7 milliards de dollars). La part dans le monde était de 0,035% et de 0,13% en Asie.

Le revenu national brut par habitant en Birmanie était de 337.3 dollars dans les années 2000, se classant au 200ème rang mondial, à égalité avec l'Érythrée (342,0 de dollars), le Niger (330,8 de dollars), le Népal (330,6 de dollars). Le revenu national brut par habitant en Birmanie était 21,2 fois inférieur le revenu national brut par habitant au Monde (7 165,2 US$), et 9,5 fois inférieur le revenu national brut par habitant en Asie (3 199,2 US$).

La croissance du revenu national brut en Birmanie était de 12.2% dans les années 2000, se classant au 4ème rang mondial. La croissance du RNB en Birmanie (12,2%) a été supérieure à celle du monde (3,0%), et supérieure à celle de l'Asie (5,3%).

Comparaison avec les voisins. Le RNB de la Birmanie était supérieur à celui du Laos (3,2 milliards de dollars); mais inférieur à celui de la Chine (2,6 billions de dollars), de l'Inde (825,7 milliards de dollars), de la Thaïlande (188,3 milliards de dollars) et du Bangladesh (68,5 milliards de dollars). Le RNB par habitant en Birmanie était inférieur à celui de la Thaïlande (2 892,4 de dollars), de la Chine (1 950,5 de dollars), de l'Inde (725,4 de dollars), du Laos (557,6 de dollars) et du Bangladesh (498,5 de dollars). La croissance du revenu national brut en Birmanie était supérieure à celle de la Chine (10,4%), du Laos (6,9%), de l'Inde (6,3%), du Bangladesh (6,2%) et de la Thaïlande (4,2%).

Comparaison avec les leaders. Le revenu national brut de la Birmanie était inférieur à celui des États-Unis (12,7 billions de dollars), du Japon (4,8 billions de dollars), de l'Allemagne (2,8 billions de dollars), de la Chine (2,6 billions de dollars) et du Royaume-Uni (2,3 billions de dollars). Le revenu national brut par habitant en Birmanie était inférieur à celui des États-Unis (43 177,4 de dollars), du Royaume-Uni (38 514,5 de dollars), du Japon (37 144,2 de dollars), de l'Allemagne (34 189,0 de dollars) et de la Chine (1 950,5 de dollars). La croissance du revenu national brut en Birmanie était supérieure à celle de la Chine (10,4%), des États-Unis (1,8%), du Royaume-Uni (1,7%), de l'Allemagne (1,0%) et du Japon (0,62%).

Les années 2010

Le RNB de la Birmanie était de 64,3 milliards de dollars par an dans les années 2010, se situant au 71ème rang mondial à égalité avec le Kenya (63,6 milliards de dollars). La part dans le monde était de 0,083% et de 0,23% en Asie.

Le RNB par habitant en Birmanie était de 1227.1 dollars dans les années 2010, se situant au 179ème rang mondial, à égalité avec le Zimbabwe (1 256,2 de dollars). Le RNB par habitant en Birmanie était 8,6 fois inférieur le revenu national brut par habitant au Monde (10 611,7 US$), et 5,1 fois inférieur le revenu national brut par habitant en Asie (6 227,9 US$).

La croissance du RNB en Birmanie était de 6.5% dans les années 2010, au 19ème rang mondial, à égalité avec les Maldives (6,4%), le Tadjikistan (6,4%), la république démocratique du Congo (6,5%). La croissance du revenu national brut en Birmanie (6,5%) a été supérieure à celle du monde (3,1%), et supérieure à celle de l'Asie (5,2%).

Comparaison avec les voisins. Le RNB de la Birmanie était 5,0 fois supérieur à celui du Laos (12,9 milliards de dollars); mais 162,8 fois inférieur à celui de la Chine (10,5 billions de dollars), 34,0 fois inférieur à celui de l'Inde (2,2 billions de dollars), 6,3 fois inférieur à celui de la Thaïlande (405,3 milliards de dollars) et 3,2 fois inférieur à celui du Bangladesh (204,0 milliards de dollars). Le revenu national brut par habitant en Birmanie était 6,1 fois inférieur à celui de la Chine (7 463,8 de dollars), 4,8 fois inférieur à celui de la Thaïlande (5 916,1 de dollars), 36,4% inférieur à celui du Laos (1 929,9 de dollars), 26,9% inférieur à celui de l'Inde (1 677,9 de dollars) et 6,6% inférieur à celui du Bangladesh (1 313,3 de dollars). La croissance du RNB en Birmanie était supérieure à celle du Bangladesh (6,4%) et de la Thaïlande (3,5%); mais inférieure à celle de la Chine (7,7%), du Laos (7,2%) et de l'Inde (6,6%).

Comparaison avec les leaders. Le RNB de la Birmanie était 284,7 fois inférieur à celui des États-Unis (18,3 billions de dollars), 162,8 fois inférieur à celui de la Chine (10,5 billions de dollars), 84,0 fois inférieur à celui du Japon (5,4 billions de dollars), 58,3 fois inférieur à celui de l'Allemagne (3,7 billions de dollars) et 42,7 fois inférieur à celui de la France (2,7 billions de dollars). Le RNB par habitant en Birmanie était 46,7 fois inférieur à celui des États-Unis (57 299,9 de dollars), 37,3 fois inférieur à celui de l'Allemagne (45 801,3 de dollars), 34,4 fois inférieur à celui du Japon (42 204,7 de dollars), 33,7 fois inférieur à celui de la France (41 404,4 de dollars) et 6,1 fois inférieur à celui de la Chine (7 463,8 de dollars). La croissance du revenu national brut en Birmanie était supérieure à celle des États-Unis (2,5%), de l'Allemagne (2,0%), du Japon (1,4%) et de la France (1,4%); mais inférieure à celle de la Chine (7,7%).

Partie II. Structure

Chapitre IV. Agriculture

Agriculture, chasse, sylviculture et pêche (ISIC A-B)

L'agriculture de la Birmanie est passé de 1,7 milliards de dollars par an dans les années 1970 à 17,5 milliards de dollars par an dans les années 2010, c'est-à-dire 15,8 milliards de dollars ou de 10,4 fois. La variation a été de 7,0 milliards de dollars en raison de l'augmentation de 1,7 fois des prix, et de 7,5 milliards de dollars en raison de la croissance de productivité de 3,6 fois, et de 1,2 milliards de dollars en raison de la croissance démographique. La croissance annuelle moyenne de l'agriculture était de 4,1%. La valeur minimale était de 853,5 millions de dollars en 1972. La valeur maximale était de 19,5 milliards de dollars en 2012.

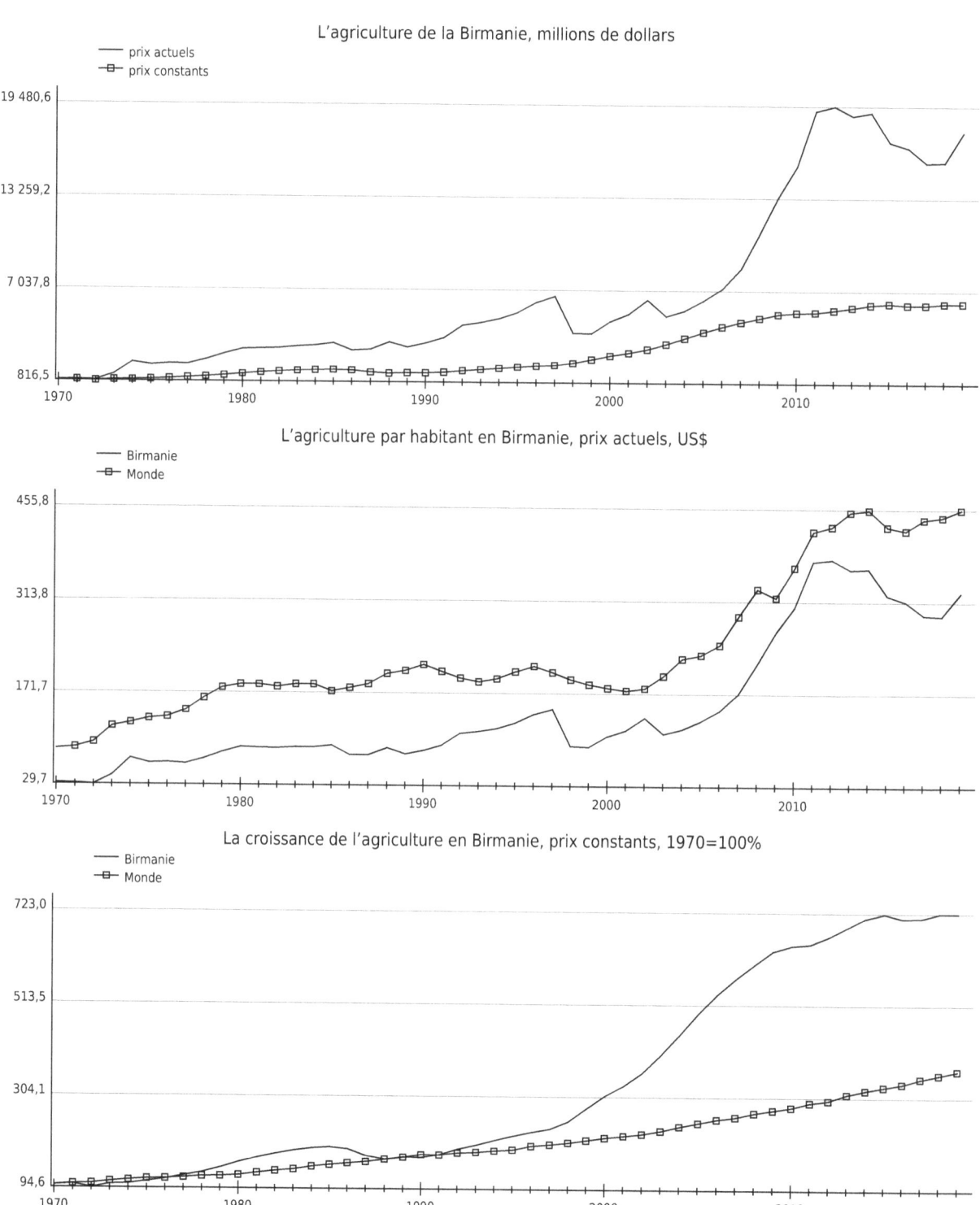

Chapitre IV. Agriculture

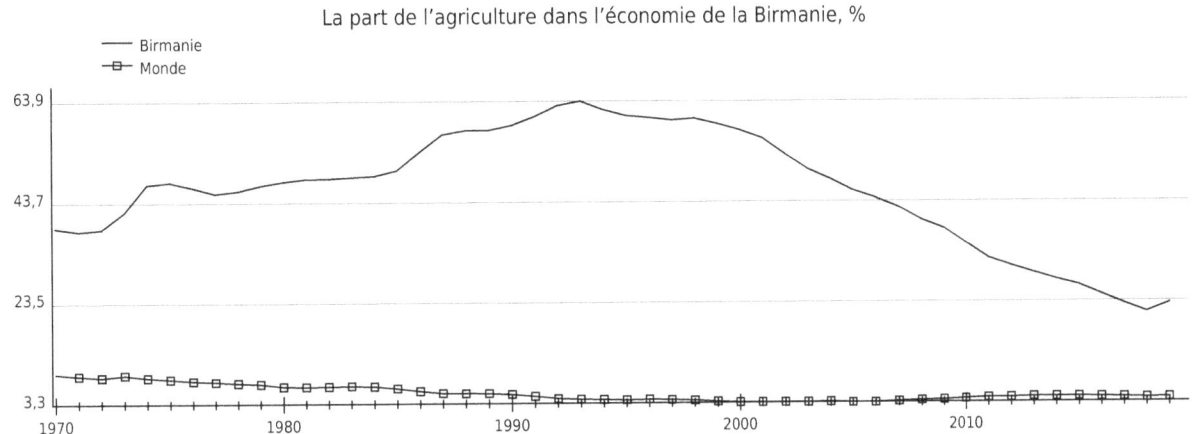
La part de l'agriculture dans l'économie de la Birmanie, %

Les années 1970

La valeur de l'agriculture en Birmanie était de 1,7 milliards de dollars par an dans les années 1970, se classant au 50ème rang mondial. La part dans le monde était de 0,33% et de 0,95% en Asie.

La part de l'agriculture dans l'économie de la Birmanie était de 44,9% dans les années 1970, au 14ème rang mondial.

L'agriculture par habitant en Birmanie était de 55.6 dollars dans les années 1970, se situant au 150ème rang mondial, à égalité avec la Zambie (55,9 de dollars), l'Éthiopie (54,8 de dollars), le Sri Lanka (56,4 de dollars). L'agriculture par habitant en Birmanie était 2,3 fois inférieure l'agriculture par habitant au Monde (127,6 US$), et 27,6% inférieure l'agriculture par habitant en Asie (76,7 US$).

La croissance de l'agriculture en Birmanie était de 3.9% dans les années 1970, au 62ème rang mondial, à égalité avec le Bhoutan (3,9%), l'Afrique australe (3,9%), l'Albanie (3,9%). La croissance de l'agriculture en Birmanie (3,9%) a été supérieure à celle du monde (2,2%), et supérieure à celle de l'Asie (2,0%).

Comparaison avec les voisins. Le secteur de l'agriculture en Birmanie était supérieur à celui du Laos (81,4 millions de dollars); mais inférieur à celui de la Chine (49,5 milliards de dollars), de l'Inde (36,0 milliards de dollars), de la Thaïlande (4,0 milliards de dollars) et du Bangladesh (3,6 milliards de dollars). L'agriculture par habitant en Birmanie était supérieure à celle de la Chine (54,2 de dollars), du Bangladesh (50,7 de dollars) et du Laos (27,3 de dollars); mais inférieure à celle de la Thaïlande (95,6 de dollars) et de l'Inde (58,3 de dollars). La croissance de l'agriculture en Birmanie était supérieure à celle du Laos (3,0%), de la Chine (2,4%), de l'Inde (0,30%) et du Bangladesh (-0,32%); mais inférieure à celle de la Thaïlande (4,2%).

Comparaison avec les leaders. Le secteur de l'agriculture en Birmanie était inférieur à celui de l'URSS (88,7 milliards de dollars), de la Chine (49,5 milliards de dollars), des États-Unis (42,6 milliards de dollars), de l'Inde (36,0 milliards de dollars) et du Japon (25,8 milliards de dollars). L'agriculture par habitant en Birmanie était supérieure à celle de la Chine (54,2 de dollars); mais inférieure à celle de l'URSS (351,8 de dollars), du Japon (231,3 de dollars), des États-Unis (195,0 de dollars) et de l'Inde (58,3 de dollars). La croissance de l'agriculture en Birmanie était supérieure à celle de la Chine (2,4%), du Japon (0,52%), des États-Unis (0,34%) et de l'Inde (0,30%); mais inférieure à celle de l'URSS (7,0%).

Les années 1980

La valeur ajoutée de l'agriculture en Birmanie était de 3,2 milliards de dollars par an dans les années 1980, au 45ème rang mondial à égalité avec l'Autriche (3,1 milliards de dollars), la république démocratique du Congo (3,1 milliards de dollars), la Suisse (3,2 milliards de dollars). La part dans le monde était de 0,35% et de 0,91% en Asie.

La part de l'agriculture dans l'économie de la Birmanie était de 51,7% dans les années 1980, se classant au 5ème rang mondial.

L'agriculture par habitant en Birmanie était de 84.2 dollars dans les années 1980, se situant au 157ème rang mondial, à égalité avec le Népal (83,2 de dollars), le Botswana (85,2 de dollars), le Brunei (85,8 de dollars). L'agriculture par habitant en Birmanie était 2,2 fois inférieure l'agriculture par habitant au Monde (186,6 US$), et 31,4% inférieure l'agriculture par habitant en Asie (122,8 US$).

La croissance de l'Agriculture en Birmanie était de 1.6% dans les années 1980, se situant au 115ème rang mondial, à égalité avec la Grèce (1,7%). La croissance de l'agriculture en Birmanie (1,6%) a été inférieure à celle du monde (3,1%), et inférieure à celle de l'Asie (3,8%).

Comparaison avec les voisins. La valeur de l'agriculture en Birmanie était supérieure à celle du Laos (243,4 millions de dollars); mais inférieure à celle de la Chine (94,9 milliards de dollars), de l'Inde (70,4 milliards de dollars), de la Thaïlande (8,3 milliards de dollars) et du Bangladesh (6,5 milliards de dollars). L'agriculture par habitant en Birmanie était supérieure à celle du Bangladesh (72,7 de dollars) et du Laos (66,5 de dollars); mais inférieure à celle de la Thaïlande (161,5 de dollars), de l'Inde (90,7 de dollars) et de la Chine (88,5 de dollars). La croissance de l'agriculture en Birmanie était supérieure à celle du Bangladesh (1,5%); mais inférieure à celle du Laos (5,8%), de la Chine (5,3%), de l'Inde (4,4%) et de la Thaïlande (4,3%).

Comparaison avec les leaders. Le secteur de l'agriculture en Birmanie était inférieur à celui de l'URSS (125,8 milliards de dollars), de la Chine (94,9 milliards de dollars), de l'Inde (70,4 milliards de dollars), des États-Unis (68,7 milliards de dollars) et du Japon (49,7 milliards de dollars). L'agriculture par habitant en Birmanie était inférieure à celle de l'URSS (457,2 de dollars), du Japon (410,0 de dollars), des États-Unis (286,8 de dollars), de l'Inde (90,7 de dollars) et de la Chine (88,5 de dollars). La croissance de l'agriculture en Birmanie était supérieure à celle du Japon (0,41%); mais inférieure à celle de la Chine (5,3%), de l'Inde (4,4%), des États-Unis (3,7%) et de l'URSS (2,8%).

Les années 1990

La valeur de l'agriculture en Birmanie était de 4,9 milliards de dollars par an dans les années 1990, au 43ème rang mondial à égalité avec la Finlande (4,9 milliards de dollars), l'Éthiopie (4,7 milliards de dollars). La part dans le monde était de 0,43% et de 0,92% en Asie.

La part de l'agriculture dans l'économie de la Birmanie était de 61,0% dans les années 1990, au 3ème rang mondial, à égalité avec la Somalie (61,4%).

L'agriculture par habitant en Birmanie était de 111 dollars dans les années 1990, se situant au 165ème rang mondial, à égalité avec le Timor oriental (110,4 de dollars), l'Angola (109,9 de dollars), le Kenya (112,2 de dollars). L'agriculture par habitant en Birmanie était 44,4% inférieure l'agriculture par habitant au Monde (199,8 US$), et 26,8% inférieure l'agriculture par habitant en Asie (151,6 US$).

La croissance de l'agriculture en Birmanie était de 5.3% dans les années 1990, se situant au 22ème rang mondial, à égalité avec le Timor oriental (5,3%). La croissance de l'agriculture en Birmanie (5,3%) a été supérieure à celle du monde (2,2%), et supérieure à celle de l'Asie (3,2%).

Comparaison avec les voisins. L'agriculture de la Birmanie était supérieure à celle du Laos (598,1 millions de dollars); mais inférieure à celle de la Chine (139,0 milliards de dollars), de l'Inde (91,4 milliards de dollars), de la Thaïlande (12,2 milliards de dollars) et du Bangladesh (9,4 milliards de dollars). L'agriculture par habitant en Birmanie était supérieure à celle de l'Inde (95,6 de dollars) et du Bangladesh (82,3 de dollars); mais inférieure à celle de la Thaïlande (206,4 de dollars), du Laos (125,4 de dollars) et de la Chine (112,7 de dollars). La croissance de l'agriculture en Birmanie était supérieure à celle du Laos (5,0%), de la Chine (4,3%), du Bangladesh (3,4%), de l'Inde (2,8%) et de la Thaïlande (2,6%).

Comparaison avec les leaders. L'agriculture de la Birmanie était inférieure à celle de la Chine (139,0 milliards de dollars), des États-Unis (96,1 milliards de dollars), de l'Inde (91,4 milliards de dollars), du Japon (78,9 milliards de dollars) et du Brésil (36,8 milliards de dollars). L'agriculture par habitant en Birmanie était supérieure à celle de l'Inde (95,6 de dollars); mais inférieure à celle du Japon (625,5 de dollars), des États-Unis (363,4 de dollars), du Brésil (228,7 de dollars) et de la Chine (112,7 de dollars). La croissance de l'agriculture en Birmanie était supérieure à celle de la Chine (4,3%), du Brésil (3,0%), de l'Inde (2,8%), des États-Unis (2,6%) et du Japon (-1,8%).

Les années 2000

La valeur de l'agriculture en Birmanie était de 7,4 milliards de dollars par an dans les années 2000, se classant au 38ème rang mondial à égalité avec l'Ukraine (7,4 milliards de dollars), le Venezuela (7,4 milliards de dollars). La part dans le monde était de 0,47% et de 0,93% en Asie.

La part de l'agriculture dans l'économie de la Birmanie était de 44,9% dans les années 2000, se classant au 5ème rang mondial.

L'agriculture par habitant en Birmanie était de 152.4 dollars dans les années 2000, se classant au 145ème rang mondial, à égalité avec le Liberia (151,6 de dollars), Sierra Leone (153,3 de dollars), le Laos (150,7 de dollars). L'agriculture par habitant en Birmanie était 36,6% inférieure l'agriculture par habitant au Monde (240,3 US$), et 24,7% inférieure l'agriculture par habitant en Asie (202,4 US$).

La croissance de l'agriculture en Birmanie était de 8.6% dans les années 2000, au 8ème rang mondial, à égalité avec l'Andorre (8,7%).

Chapitre IV. Agriculture

La croissance de l'agriculture en Birmanie (8,6%) a été supérieure à celle du monde (3,0%), et supérieure à celle de l'Asie (3,1%).

Comparaison avec les voisins. L'agriculture de la Birmanie était supérieure à celle du Laos (862,4 millions de dollars); mais inférieure à celle de la Chine (297,7 milliards de dollars), de l'Inde (147,6 milliards de dollars), de la Thaïlande (18,3 milliards de dollars) et du Bangladesh (12,6 milliards de dollars). L'agriculture par habitant en Birmanie était supérieure à celle du Laos (150,7 de dollars), de l'Inde (129,7 de dollars) et du Bangladesh (91,5 de dollars); mais inférieure à celle de la Thaïlande (281,0 de dollars) et de la Chine (224,5 de dollars). La croissance de l'agriculture en Birmanie était supérieure à celle de la Chine (4,0%), du Bangladesh (3,9%), du Laos (3,5%), de la Thaïlande (2,9%) et de l'Inde (2,0%).

Comparaison avec les leaders. La valeur ajoutée de l'agriculture en Birmanie était inférieure à celle de la Chine (297,7 milliards de dollars), de l'Inde (147,6 milliards de dollars), des États-Unis (122,5 milliards de dollars), du Japon (57,1 milliards de dollars) et du Nigeria (47,6 milliards de dollars). L'agriculture par habitant en Birmanie était supérieure à celle de l'Inde (129,7 de dollars); mais inférieure à celle du Japon (445,6 de dollars), des États-Unis (416,9 de dollars), du Nigeria (346,4 de dollars) et de la Chine (224,5 de dollars). La croissance de l'agriculture en Birmanie était supérieure à celle de la Chine (4,0%), des États-Unis (3,6%), de l'Inde (2,0%) et du Japon (-1,3%); mais inférieure à celle du Nigeria (10,1%).

Les années 2010

Le secteur de l'agriculture en Birmanie était de 17,5 milliards de dollars par an dans les années 2010, se classant au 33ème rang mondial à égalité avec le Royaume-Uni (17,5 milliards de dollars). La part dans le monde était de 0,55% et de 0,91% en Asie.

La part de l'agriculture dans l'économie de la Birmanie était de 27,0% dans les années 2010, se classant au 25ème rang mondial, à égalité avec le Rwanda (27,0%), Madagascar (27,1%), les Salomon (26,8%).

L'agriculture par habitant en Birmanie était de 333,8 dollars dans les années 2010, se situant au 105ème rang mondial, à égalité avec la Syrie (333,3 de dollars), l'Égypte (338,9 de dollars), le Viêt Nam (341,3 de dollars). L'agriculture par habitant en Birmanie était 22,8% inférieure l'agriculture par habitant au Monde (432,1 US$), et 23,6% inférieure l'agriculture par habitant en Asie (436,7 US$).

La croissance de l'agriculture en Birmanie était de 1.3% dans les années 2010, se classant au 125ème rang mondial, à égalité avec la Lettonie (1,3%). La croissance de l'agriculture en Birmanie (1,3%) a été inférieure à celle du monde (2,9%), et inférieure à celle de l'Asie (3,3%).

Comparaison avec les voisins. La valeur ajoutée de l'agriculture en Birmanie était 7,4 fois supérieure à celle du Laos (2,4 milliards de dollars); mais 50,7 fois inférieure à celle de la Chine (886,2 milliards de dollars), 20,8 fois inférieure à celle de l'Inde (363,4 milliards de dollars), 2,3 fois inférieure à celle de la Thaïlande (40,8 milliards de dollars) et 37,0% inférieure à celle du Bangladesh (27,7 milliards de dollars). L'agriculture par habitant en Birmanie était 19,6% supérieure à celle de l'Inde (279,1 de dollars) et 86,8% supérieure à celle du Bangladesh (178,6 de dollars); mais 47,2% inférieure à celle de la Chine (631,9 de dollars), 43,9% inférieure à celle de la Thaïlande (595,0 de dollars) et 5,2% inférieure à celle du Laos (351,9 de dollars). La croissance de l'agriculture en Birmanie était supérieure à celle de la Thaïlande (0,96%); mais inférieure à celle de l'Inde (4,1%), de la Chine (3,8%), du Bangladesh (3,8%) et du Laos (2,6%).

Comparaison avec les leaders. L'agriculture de la Birmanie était 50,7 fois inférieure à celle de la Chine (886,2 milliards de dollars), 20,8 fois inférieure à celle de l'Inde (363,4 milliards de dollars), 10,3 fois inférieure à celle des États-Unis (180,3 milliards de dollars), 7,1 fois inférieure à celle de l'Indonésie (124,1 milliards de dollars) et 5,5 fois inférieure à celle du Nigeria (95,8 milliards de dollars). L'agriculture par habitant en Birmanie était 19,6% supérieure à celle de l'Inde (279,1 de dollars); mais 47,2% inférieure à celle de la Chine (631,9 de dollars), 40,9% inférieure à celle des États-Unis (564,3 de dollars), 37,6% inférieure à celle du Nigeria (534,6 de dollars) et 31,0% inférieure à celle de l'Indonésie (483,6 de dollars). La croissance de l'agriculture en Birmanie était inférieure à celle de l'Inde (4,1%), de l'Indonésie (3,9%), de la Chine (3,8%), du Nigeria (3,6%) et des États-Unis (2,0%).

Chapitre V. Industrie

Exploitation minière, fabrication, services publics (ISIC C-E)

La valeur ajoutée de l'industrie en Birmanie est passé de 386,9 millions de dollars par an dans les années 1970 à 18,5 milliards de dollars par an dans les années 2010, c'est-à-dire 18,1 milliards de dollars ou de 47,9 fois. La variation a été de 3,9 milliards de dollars en raison de l'augmentation de 1,3 fois des prix, et de 14,0 milliards de dollars en raison de la croissance de productivité de 21,9 fois, et de 281,9 millions de dollars en raison de la croissance démographique. La croissance annuelle moyenne de l'industrie était de 8,7%. La valeur minimale était de 229,1 millions de dollars en 1972. La valeur maximale était de 23,4 milliards de dollars en 2019.

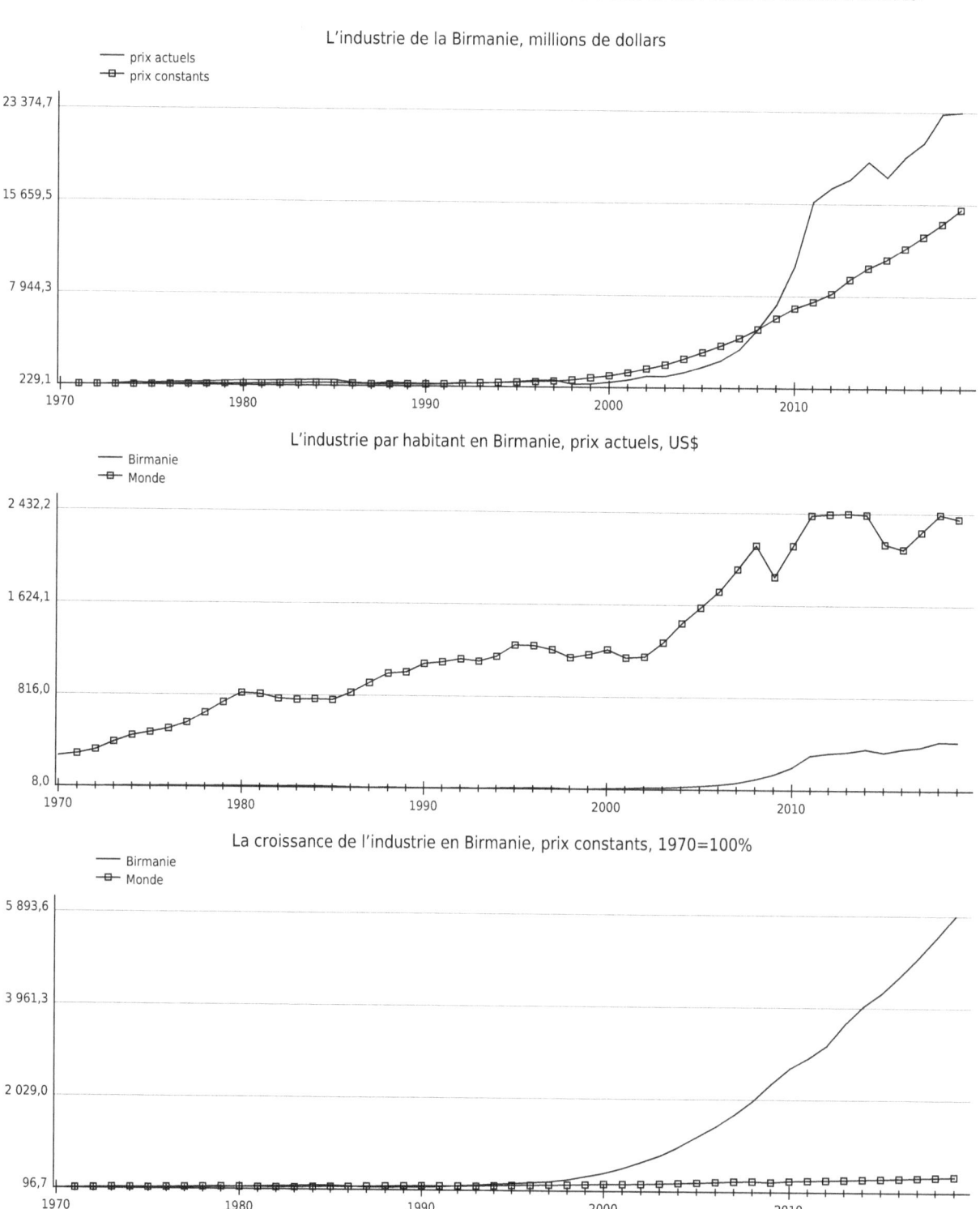

Chapitre V. Industrie

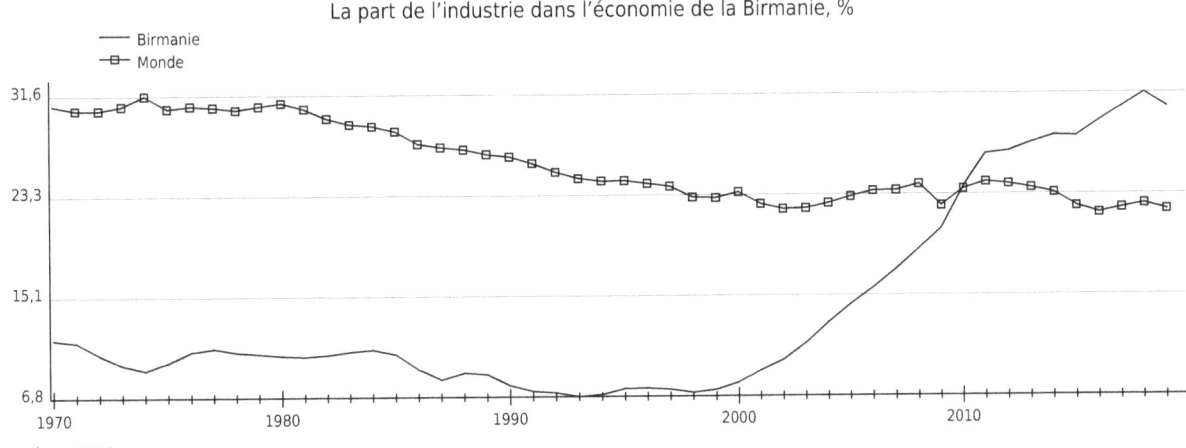
La part de l'industrie dans l'économie de la Birmanie, %

Les années 1970

Le secteur de l'industrie en Birmanie était de 386,9 millions de dollars par an dans les années 1970, se classant au 100ème rang mondial à égalité avec l'Éthiopie (392,8 millions de dollars), le Panama (394,3 millions de dollars). La part dans le monde était de 0,020% et de 0,096% en Asie.

La part de l'industrie dans l'économie de la Birmanie était de 10,3% dans les années 1970, se classant au 148ème rang mondial, à égalité avec l'Ouganda (10,3%).

L'industrie par habitant en Birmanie était de 12.8 dollars dans les années 1970, se classant au 175ème rang mondial, à égalité avec le Bhoutan (12,7 de dollars), le Lesotho (13,0 de dollars), le Yémen (12,5 de dollars). L'industrie par habitant en Birmanie était 37,6 fois inférieure l'industrie par habitant au Monde (480,5 US$), et 13,6 fois inférieure l'industrie par habitant en Asie (173,9 US$).

La croissance de l'industrie en Birmanie était de 3.3% dans les années 1970, au 125ème rang mondial. La croissance de l'industrie en Birmanie (3,3%) a été inférieure à celle du monde (4,0%), et inférieure à celle de l'Asie (5,7%).

Comparaison avec les voisins. L'industrie de la Birmanie était supérieure à celle du Laos (18,3 millions de dollars); mais inférieure à celle de la Chine (64,3 milliards de dollars), de l'Inde (18,4 milliards de dollars), de la Thaïlande (3,7 milliards de dollars) et du Bangladesh (1,1 milliards de dollars). L'industrie par habitant en Birmanie était supérieure à celle du Laos (6,1 de dollars); mais inférieure à celle de la Thaïlande (88,5 de dollars), de la Chine (70,3 de dollars), de l'Inde (29,9 de dollars) et du Bangladesh (16,1 de dollars). La croissance de l'industrie en Birmanie était supérieure à celle du Laos (2,9%) et du Bangladesh (2,1%); mais inférieure à celle de la Thaïlande (10,8%), de la Chine (8,9%) et de l'Inde (4,6%).

Comparaison avec les leaders. La valeur de l'industrie en Birmanie était inférieure à celle des États-Unis (450,4 milliards de dollars), de l'URSS (248,8 milliards de dollars), du Japon (185,6 milliards de dollars), de l'Allemagne (158,4 milliards de dollars) et du Royaume-Uni (72,6 milliards de dollars). L'industrie par habitant en Birmanie était inférieure à celle des États-Unis (2 063,8 de dollars), de l'Allemagne (2 011,9 de dollars), du Japon (1 666,5 de dollars), du Royaume-Uni (1 295,1 de dollars) et de l'URSS (986,6 de dollars). La croissance de l'industrie en Birmanie était supérieure à celle des États-Unis (2,4%), de l'Allemagne (2,1%) et du Royaume-Uni (1,9%); mais inférieure à celle de l'URSS (5,2%) et du Japon (4,5%).

Les années 1980

La valeur de l'industrie en Birmanie était de 596,8 millions de dollars par an dans les années 1980, se situant au 108ème rang mondial. La part dans le monde était de 0,014% et de 0,055% en Asie.

La part de l'industrie dans l'économie de la Birmanie était de 9,8% dans les années 1980, au 150ème rang mondial, à égalité avec Sao Tomé-et-Principe (9,8%).

L'industrie par habitant en Birmanie était de 15.9 dollars dans les années 1980, se situant au 180ème rang mondial. L'industrie par habitant en Birmanie était 54,2 fois inférieure l'industrie par habitant au Monde (861,8 US$), et 24,0 fois inférieure l'industrie par habitant en Asie (380,7 US$).

La croissance de l'industrie en Birmanie était de 1.5% dans les années 1980, au 123ème rang mondial. La croissance de l'industrie en Birmanie (1,5%) a été inférieure à celle du monde (2,3%), et inférieure à celle de l'Asie (3,5%).

Comparaison avec les voisins. Le secteur de l'industrie en Birmanie était supérieur à celui du Laos (47,7 millions de dollars); mais inférieur à celui de la Chine (130,2 milliards de dollars), de l'Inde (51,0 milliards de dollars), de la Thaïlande (12,8 milliards de dollars) et du Bangladesh (3,0 milliards de dollars). L'industrie par habitant en Birmanie était supérieure à celle du Laos (13,0 de dollars); mais inférieure à celle de la Thaïlande (247,4 de dollars), de la Chine (121,4 de dollars), de l'Inde (65,7 de dollars) et du Bangladesh (33,1 de dollars). La croissance de l'industrie en Birmanie était inférieure à celle de la Chine (10,4%), de la Thaïlande (9,1%), de l'Inde (7,4%), du Laos (6,2%) et du Bangladesh (2,2%).

Comparaison avec les leaders. Le secteur de l'industrie en Birmanie était inférieur à celui des États-Unis (1,0 billions de dollars), du Japon (566,4 milliards de dollars), de l'URSS (305,7 milliards de dollars), de l'Allemagne (297,5 milliards de dollars) et du Royaume-Uni (171,2 milliards de dollars). L'industrie par habitant en Birmanie était inférieure à celle du Japon (4 670,2 de dollars), des États-Unis (4 176,6 de dollars), de l'Allemagne (3 812,7 de dollars), du Royaume-Uni (3 032,7 de dollars) et de l'URSS (1 110,8 de dollars). La croissance de l'industrie en Birmanie était supérieure à celle du Royaume-Uni (1,4%) et de l'Allemagne (1,2%); mais inférieure à celle de l'URSS (5,3%), du Japon (4,2%) et des États-Unis (1,9%).

Les années 1990

L'industrie de la Birmanie était de 576,3 millions de dollars par an dans les années 1990, se classant au 132ème rang mondial à égalité avec l'Eswatini (565,3 millions de dollars). La part dans le monde était de 0,0086% et de 0,026% en Asie.

La part de l'industrie dans l'économie de la Birmanie était de 7,2% dans les années 1990, se situant au 186ème rang mondial.

L'industrie par habitant en Birmanie était de 13.2 dollars dans les années 1990, se situant au 205ème rang mondial. L'industrie par habitant en Birmanie était 89,2 fois inférieure l'industrie par habitant au Monde (1 175,6 US$), et 48,5 fois inférieure l'industrie par habitant en Asie (639,7 US$).

La croissance de l'industrie en Birmanie était de 9.8% dans les années 1990, se situant au 20ème rang mondial, à égalité avec le Népal (9,8%). La croissance de l'industrie en Birmanie (9,8%) a été supérieure à celle du monde (2,5%), et supérieure à celle de l'Asie (5,5%).

Comparaison avec les voisins. Le secteur de l'industrie en Birmanie était supérieur à celui du Laos (152,8 millions de dollars); mais inférieur à celui de la Chine (285,9 milliards de dollars), de l'Inde (78,9 milliards de dollars), de la Thaïlande (40,5 milliards de dollars) et du Bangladesh (6,1 milliards de dollars). L'industrie par habitant en Birmanie était inférieure à celle de la Thaïlande (683,3 de dollars), de la Chine (231,9 de dollars), de l'Inde (82,6 de dollars), du Bangladesh (53,1 de dollars) et du Laos (32,0 de dollars). La croissance de l'industrie en Birmanie était supérieure à celle du Bangladesh (7,6%), de la Thaïlande (7,3%) et de l'Inde (5,8%); mais inférieure à celle de la Chine (13,1%) et du Laos (13,1%).

Comparaison avec les leaders. La valeur de l'industrie en Birmanie était inférieure à celle des États-Unis (1,5 billions de dollars), du Japon (1,2 billions de dollars), de l'Allemagne (534,0 milliards de dollars), de la Chine (285,9 milliards de dollars) et du Royaume-Uni (268,6 milliards de dollars). L'industrie par habitant en Birmanie était inférieure à celle du Japon (9 400,9 de dollars), de l'Allemagne (6 621,6 de dollars), des États-Unis (5 704,4 de dollars), du Royaume-Uni (4 639,8 de dollars) et de la Chine (231,9 de dollars). La croissance de l'industrie en Birmanie était supérieure à celle des États-Unis (2,8%), du Japon (1,3%), du Royaume-Uni (1,2%) et de l'Allemagne (0,33%); mais inférieure à celle de la Chine (13,1%).

Les années 2000

Le secteur de l'industrie en Birmanie était de 2,6 milliards de dollars par an dans les années 2000, se classant au 107ème rang mondial à égalité avec l'Estonie (2,6 milliards de dollars), la Lettonie (2,6 milliards de dollars). La part dans le monde était de 0,025% et de 0,068% en Asie.

La part de l'industrie dans l'économie de la Birmanie était de 15,6% dans les années 2000, se classant au 144ème rang mondial, à égalité avec la Géorgie (15,5%), les Fidji (15,5%), le Liban (15,6%).

L'industrie par habitant en Birmanie était de 52.8 dollars dans les années 2000, se situant au 196ème rang mondial. L'industrie par habitant en Birmanie était 29,8 fois inférieure l'industrie par habitant au Monde (1 573,8 US$), et 18,0 fois inférieure l'industrie par habitant en Asie (951,8 US$).

La croissance de l'industrie en Birmanie était de 19.5% dans les années 2000, se situant au 3ème rang mondial. La croissance de l'industrie en Birmanie (19,5%) a été supérieure à celle du monde (2,9%), et supérieure à celle de l'Asie (5,7%).

Chapitre V. Industrie

Comparaison avec les voisins. La valeur de l'industrie en Birmanie était supérieure à celle du Laos (696,1 millions de dollars); mais inférieure à celle de la Chine (1,1 billions de dollars), de l'Inde (179,9 milliards de dollars), de la Thaïlande (69,4 milliards de dollars) et du Bangladesh (11,7 milliards de dollars). L'industrie par habitant en Birmanie était inférieure à celle de la Thaïlande (1 066,3 de dollars), de la Chine (795,3 de dollars), de l'Inde (158,0 de dollars), du Laos (121,7 de dollars) et du Bangladesh (85,4 de dollars). La croissance de l'industrie en Birmanie était supérieure à celle du Laos (13,2%), de la Chine (11,1%), du Bangladesh (7,5%), de l'Inde (7,0%) et de la Thaïlande (4,9%).

Comparaison avec les leaders. L'industrie de la Birmanie était inférieure à celle des États-Unis (2,1 billions de dollars), du Japon (1,1 billions de dollars), de la Chine (1,1 billions de dollars), de l'Allemagne (629,4 milliards de dollars) et du Royaume-Uni (345,1 milliards de dollars). L'industrie par habitant en Birmanie était inférieure à celle du Japon (8 848,8 de dollars), de l'Allemagne (7 732,1 de dollars), des États-Unis (7 144,5 de dollars), du Royaume-Uni (5 710,8 de dollars) et de la Chine (795,3 de dollars). La croissance de l'industrie en Birmanie était supérieure à celle de la Chine (11,1%), des États-Unis (1,5%), de l'Allemagne (0,19%), du Japon (0,15%) et du Royaume-Uni (-1,1%).

Les années 2010

Le secteur de l'industrie en Birmanie était de 18,5 milliards de dollars par an dans les années 2010, se situant au 68ème rang mondial à égalité avec le Turkménistan (18,7 milliards de dollars). La part dans le monde était de 0,11% et de 0,23% en Asie.

La part de l'industrie dans l'économie de la Birmanie était de 28,5% dans les années 2010, se classant au 44ème rang mondial, à égalité avec le Lesotho (28,5%), le Pérou (28,3%).

L'industrie par habitant en Birmanie était de 353.4 dollars dans les années 2010, se situant au 157ème rang mondial. L'industrie par habitant en Birmanie était 6,6 fois inférieure l'industrie par habitant au Monde (2 320,9 US$), et 5,2 fois inférieure l'industrie par habitant en Asie (1 847,0 US$).

La croissance de l'industrie en Birmanie était de 9.6% dans les années 2010, au 13ème rang mondial. La croissance de l'industrie en Birmanie (9,6%) a été supérieure à celle du monde (3,5%), et supérieure à celle de l'Asie (5,6%).

Comparaison avec les voisins. L'industrie de la Birmanie était 5,6 fois supérieure à celle du Laos (3,3 milliards de dollars); mais 198,9 fois inférieure à celle de la Chine (3,7 billions de dollars), 23,9 fois inférieure à celle de l'Inde (443,4 milliards de dollars), 7,8 fois inférieure à celle de la Thaïlande (143,8 milliards de dollars) et 2,1 fois inférieure à celle du Bangladesh (38,8 milliards de dollars). L'industrie par habitant en Birmanie était 3,8% supérieure à celle de l'Inde (340,6 de dollars) et 41,6% supérieure à celle du Bangladesh (249,6 de dollars); mais 7,4 fois inférieure à celle de la Chine (2 626,2 de dollars), 5,9 fois inférieure à celle de la Thaïlande (2 098,5 de dollars) et 28,8% inférieure à celle du Laos (496,4 de dollars). La croissance de l'industrie en Birmanie était supérieure à celle du Laos (9,1%), de la Chine (7,5%), de l'Inde (6,5%) et de la Thaïlande (2,6%); mais inférieure à celle du Bangladesh (10,3%).

Comparaison avec les leaders. L'industrie de la Birmanie était 198,9 fois inférieure à celle de la Chine (3,7 billions de dollars), 148,1 fois inférieure à celle des États-Unis (2,7 billions de dollars), 64,3 fois inférieure à celle du Japon (1,2 billions de dollars), 45,4 fois inférieure à celle de l'Allemagne (840,0 milliards de dollars) et 23,9 fois inférieure à celle de l'Inde (443,4 milliards de dollars). L'industrie par habitant en Birmanie était 3,8% supérieure à celle de l'Inde (340,6 de dollars); mais 29,0 fois inférieure à celle de l'Allemagne (10 261,3 de dollars), 26,3 fois inférieure à celle du Japon (9 305,3 de dollars), 24,3 fois inférieure à celle des États-Unis (8 581,2 de dollars) et 7,4 fois inférieure à celle de la Chine (2 626,2 de dollars). La croissance de l'industrie en Birmanie était supérieure à celle de la Chine (7,5%), de l'Inde (6,5%), de l'Allemagne (3,2%), du Japon (2,6%) et des États-Unis (2,2%).

Chapitre 5.1. Fabrication

(ISIC D)

La fabrication de la Birmanie est passé de 337,6 millions de dollars par an dans les années 1970 à 14,1 milliards de dollars par an dans les années 2010, c'est-à-dire 13,7 milliards de dollars ou de 41,6 fois. La variation a été de 2,1 milliards de dollars en raison de l'augmentation de 1,2 fois des prix, et de 11,4 milliards de dollars en raison de la croissance de productivité de 20,6 fois, et de 246,0 millions de dollars en raison de la croissance démographique. La croissance annuelle moyenne de la fabrication était de 8,6%. La valeur minimale était de 183,2 millions de dollars en 1972. La valeur maximale était de 18,4 milliards de dollars en 2019.

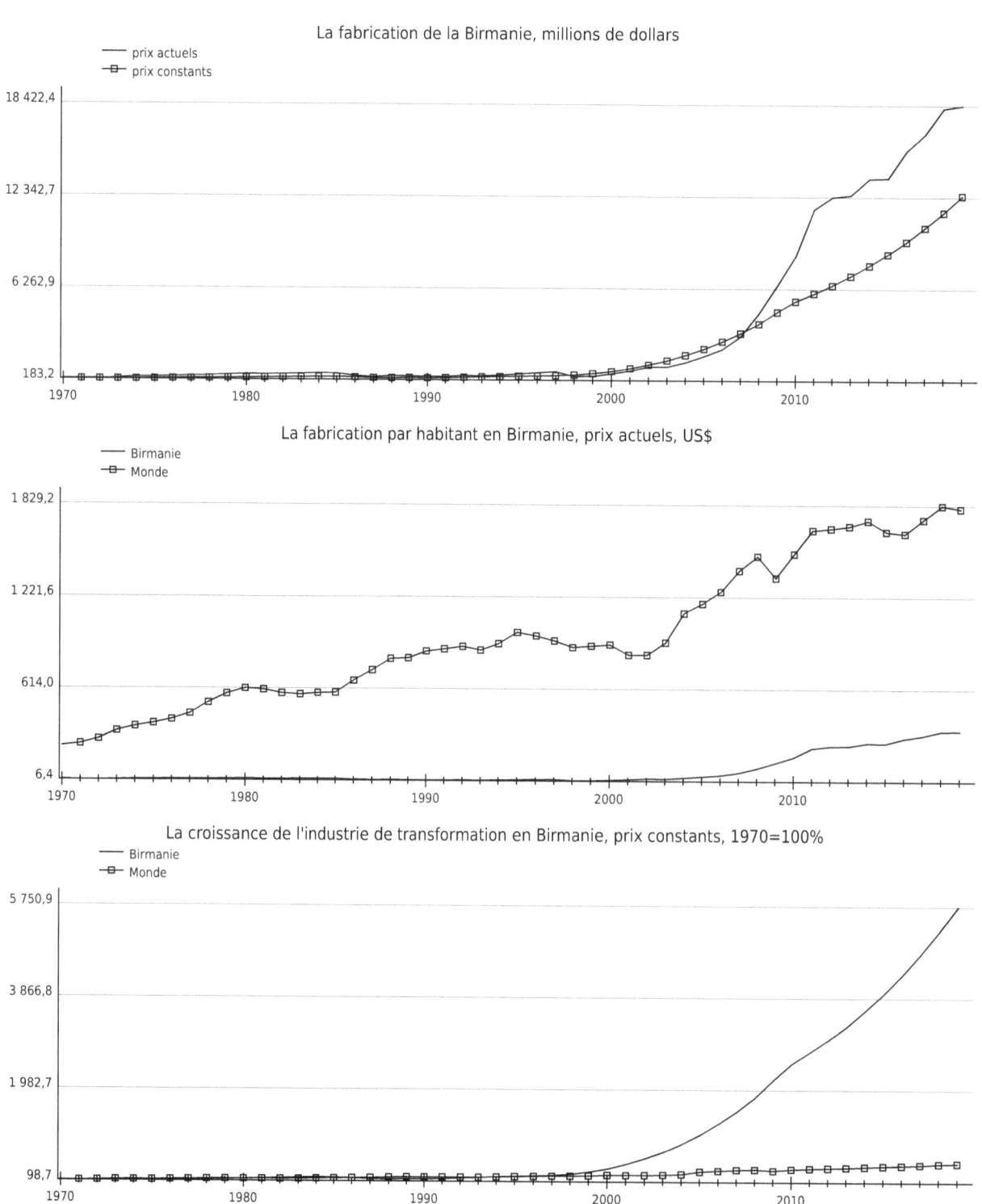

Chapitre 5.1. Fabrication

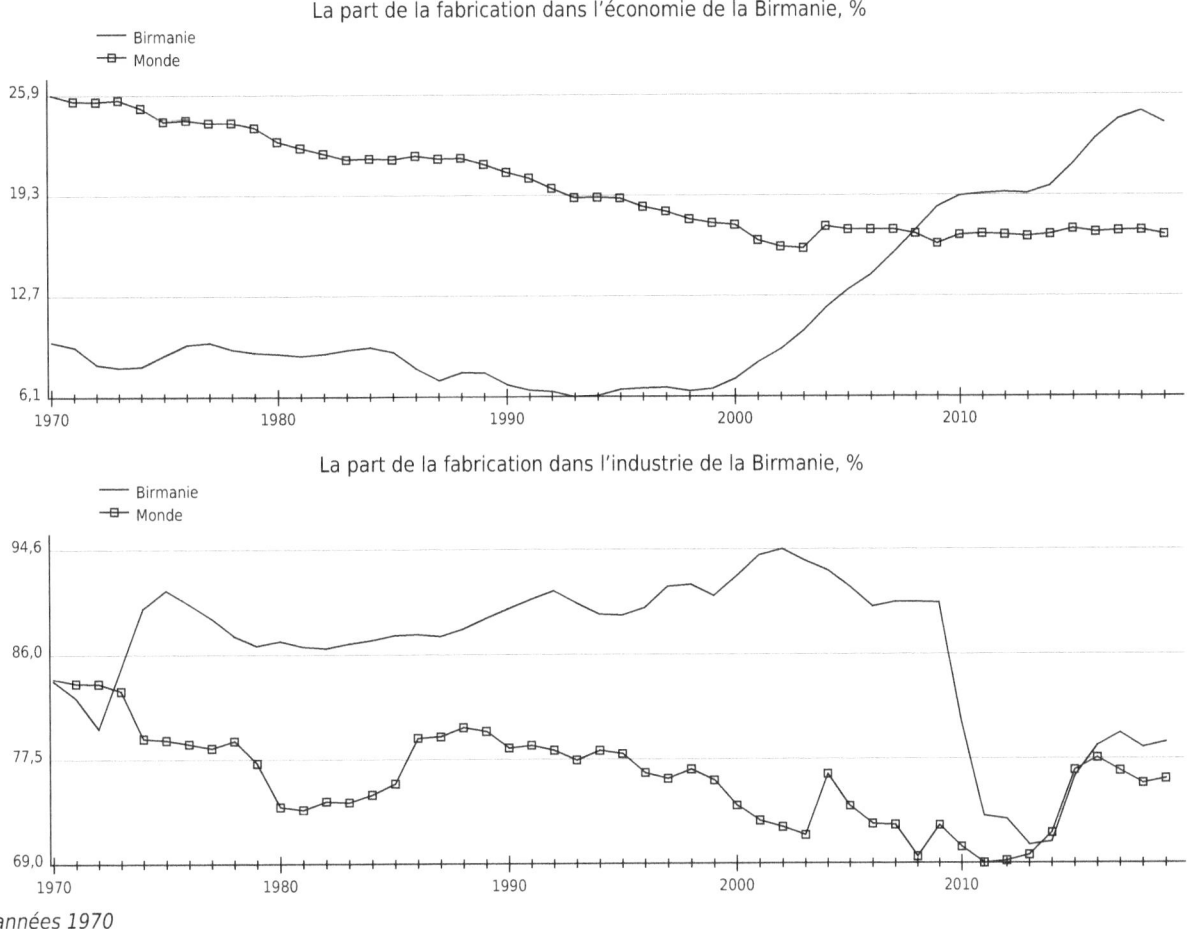

Les années 1970

La valeur ajoutée de la fabrication en Birmanie était de 337,6 millions de dollars par an dans les années 1970, au 89ème rang mondial. La part dans le monde était de 0,022% et de 0,14% en Asie.

La part de l'industrie de transformation dans l'économie de la Birmanie était de 9,0% dans les années 1970, se situant au 122ème rang mondial, à égalité avec l'Iran (9,0%).

La fabrication par habitant en Birmanie était de 11.1 dollars dans les années 1970, se situant au 168ème rang mondial, à égalité avec le Yémen (11,3 de dollars). La fabrication par habitant en Birmanie était 34,4 fois inférieure la fabrication par habitant au Monde (383,2 US$), et 9,4 fois inférieure la fabrication par habitant en Asie (104,9 US$).

La croissance de la fabrication en Birmanie était de 3.1% dans les années 1970, se situant au 130ème rang mondial. La croissance de la fabrication en Birmanie (3,1%) a été inférieure à celle du monde (3,8%), et inférieure à celle de l'Asie (5,6%).

Comparaison avec les voisins. La fabrication de la Birmanie était supérieure à celle du Laos (7,7 millions de dollars); mais inférieure à celle de l'Inde (15,6 milliards de dollars), de la Thaïlande (3,1 milliards de dollars) et du Bangladesh (1,1 milliards de dollars). La fabrication par habitant en Birmanie était supérieure à celle du Laos (2,6 de dollars); mais inférieure à celle de la Thaïlande (73,2 de dollars), de l'Inde (25,3 de dollars) et du Bangladesh (15,6 de dollars). La croissance de l'industrie de transformation en Birmanie était supérieure à celle du Laos (3,0%) et du Bangladesh (2,0%); mais inférieure à celle de la Thaïlande (10,9%) et de l'Inde (4,5%).

Comparaison avec les leaders. Le secteur de l'industrie de transformation en Birmanie était inférieur à celui des États-Unis (378,0 milliards de dollars), de l'URSS (248,8 milliards de dollars), du Japon (169,3 milliards de dollars), de l'Allemagne (138,0 milliards de dollars) et de la France (64,5 milliards de dollars). La fabrication par habitant en Birmanie était inférieure à celle de l'Allemagne (1 752,1 de dollars), des États-Unis (1 731,8 de dollars), du Japon (1 520,6 de dollars), de la France (1 203,0 de dollars) et de l'URSS (986,6 de dollars). La croissance de la fabrication en Birmanie était supérieure à celle des États-Unis (2,7%) et de l'Allemagne (2,1%); mais inférieure à celle de l'URSS (5,2%), du Japon (4,5%) et de la France (3,5%).

Les années 1980

La fabrication de la Birmanie était de 521,4 millions de dollars par an dans les années 1980, se situant au 98ème rang mondial à égalité avec le Qatar (528,1 millions de dollars). La part dans le monde était de 0,016% et de 0,072% en Asie.

La part de l'industrie de transformation dans l'économie de la Birmanie était de 8,5% dans les années 1980, se situant au 126ème rang mondial, à égalité avec le Cambodge (8,5%).

La fabrication par habitant en Birmanie était de 13.9 dollars dans les années 1980, se classant au 176ème rang mondial. La fabrication par habitant en Birmanie était 47,6 fois inférieure la fabrication par habitant au Monde (661,2 US$), et 18,5 fois inférieure la fabrication par habitant en Asie (256,6 US$).

La croissance de la fabrication en Birmanie était de 1.1% dans les années 1980, se classant au 141ème rang mondial. La croissance de la fabrication en Birmanie (1,1%) a été inférieure à celle du monde (2,6%), et inférieure à celle de l'Asie (5,4%).

Comparaison avec les voisins. La valeur de l'industrie de transformation en Birmanie était supérieure à celle du Laos (21,9 millions de dollars); mais inférieure à celle de l'Inde (39,1 milliards de dollars), de la Thaïlande (10,9 milliards de dollars) et du Bangladesh (2,8 milliards de dollars). La fabrication par habitant en Birmanie était supérieure à celle du Laos (6,0 de dollars); mais inférieure à celle de la Thaïlande (212,1 de dollars), de l'Inde (50,4 de dollars) et du Bangladesh (31,7 de dollars). La croissance de l'industrie de transformation en Birmanie était inférieure à celle de la Thaïlande (8,6%), du Laos (7,9%), de l'Inde (6,9%) et du Bangladesh (2,0%).

Comparaison avec les leaders. La fabrication de la Birmanie était inférieure à celle des États-Unis (789,4 milliards de dollars), du Japon (501,0 milliards de dollars), de l'URSS (305,7 milliards de dollars), de l'Allemagne (258,7 milliards de dollars) et de l'Italie (134,1 milliards de dollars). La fabrication par habitant en Birmanie était inférieure à celle du Japon (4 131,0 de dollars), de l'Allemagne (3 316,0 de dollars), des États-Unis (3 296,4 de dollars), de l'Italie (2 359,9 de dollars) et de l'URSS (1 110,8 de dollars). La croissance de la fabrication en Birmanie était inférieure à celle de l'URSS (5,3%), du Japon (4,4%), de l'Italie (2,5%), des États-Unis (1,9%) et de l'Allemagne (1,2%).

Les années 1990

La fabrication de la Birmanie était de 520,8 millions de dollars par an dans les années 1990, se classant au 118ème rang mondial à égalité avec le Burkina Faso (526,4 millions de dollars), l'Eswatini (513,7 millions de dollars). La part dans le monde était de 0,010% et de 0,033% en Asie.

La part de l'industrie de transformation dans l'économie de la Birmanie était de 6,5% dans les années 1990, au 168ème rang mondial.

La fabrication par habitant en Birmanie était de 11.9 dollars dans les années 1990, se classant au 202ème rang mondial. La fabrication par habitant en Birmanie était 76,3 fois inférieure la fabrication par habitant au Monde (908,4 US$), et 38,3 fois inférieure la fabrication par habitant en Asie (456,2 US$).

La croissance de la fabrication en Birmanie était de 7.4% dans les années 1990, se situant au 27ème rang mondial, à égalité avec l'Indonésie (7,4%). La croissance de l'industrie de transformation en Birmanie (7,4%) a été supérieure à celle du monde (2,0%), et supérieure à celle de l'Asie (3,5%).

Comparaison avec les voisins. La fabrication de la Birmanie était supérieure à celle du Laos (104,9 millions de dollars); mais inférieure à celle de l'Inde (59,6 milliards de dollars), de la Thaïlande (35,1 milliards de dollars) et du Bangladesh (5,2 milliards de dollars). La fabrication par habitant en Birmanie était inférieure à celle de la Thaïlande (592,2 de dollars), de l'Inde (62,4 de dollars), du Bangladesh (45,7 de dollars) et du Laos (22,0 de dollars). La croissance de la fabrication en Birmanie était supérieure à celle de la Thaïlande (6,9%), du Bangladesh (6,7%) et de l'Inde (5,8%); mais inférieure à celle du Laos (12,9%).

Comparaison avec les leaders. La fabrication de la Birmanie était inférieure à celle des États-Unis (1,2 billions de dollars), du Japon (1,0 billions de dollars), de l'Allemagne (468,8 milliards de dollars), de l'Italie (227,8 milliards de dollars) et de la France (215,0 milliards de dollars). La fabrication par habitant en Birmanie était inférieure à celle du Japon (8 305,2 de dollars), de l'Allemagne (5 813,5 de dollars), des États-Unis (4 707,3 de dollars), de l'Italie (3 994,1 de dollars) et de la France (3 621,1 de dollars). La croissance de l'industrie de transformation en Birmanie était supérieure à celle des États-Unis (3,2%), de la France (2,4%), de l'Italie (1,2%), du Japon (1,1%) et de l'Allemagne (0,26%).

Les années 2000

La valeur ajoutée de la fabrication en Birmanie était de 2,3 milliards de dollars par an dans les années 2000, se situant au 90ème rang mondial à égalité avec la Corée du Nord (2,4 milliards de dollars). La part dans le monde était de 0,032% et de 0,090% en Asie.

Chapitre 5.1. Fabrication

La part de la fabrication dans l'économie de la Birmanie était de 14,2% dans les années 2000, se classant au 89ème rang mondial, à égalité avec la Bolivie (14,1%), la République centrafricaine (14,3%).

La fabrication par habitant en Birmanie était de 48 dollars dans les années 2000, se classant au 186ème rang mondial, à égalité avec les Îles Marshall (48,7 de dollars), la République centrafricaine (48,9 de dollars). La fabrication par habitant en Birmanie était 23,7 fois inférieure la fabrication par habitant au Monde (1 138,1 US$), et 13,7 fois inférieure la fabrication par habitant en Asie (659,1 US$).

La croissance de la fabrication en Birmanie était de 22.1% dans les années 2000, se situant au 4ème rang mondial. La croissance de l'industrie de transformation en Birmanie (22,1%) a été supérieure à celle du monde (4,2%), et supérieure à celle de l'Asie (10,5%).

Comparaison avec les voisins. La valeur ajoutée de la fabrication en Birmanie était supérieure à celle du Laos (317,1 millions de dollars); mais inférieure à celle de la Chine (1,1 billions de dollars), de l'Inde (136,8 milliards de dollars), de la Thaïlande (57,9 milliards de dollars) et du Bangladesh (10,1 milliards de dollars). La fabrication par habitant en Birmanie était inférieure à celle de la Thaïlande (889,4 de dollars), de la Chine (815,3 de dollars), de l'Inde (120,2 de dollars), du Bangladesh (73,8 de dollars) et du Laos (55,4 de dollars). La croissance de la fabrication en Birmanie était supérieure à celle du Laos (9,2%), de l'Inde (8,0%), du Bangladesh (7,4%) et de la Thaïlande (4,7%).

Comparaison avec les leaders. Le secteur de la fabrication en Birmanie était inférieur à celui des États-Unis (1,6 billions de dollars), de la Chine (1,1 billions de dollars), du Japon (992,9 milliards de dollars), de l'Allemagne (551,4 milliards de dollars) et de l'Italie (277,2 milliards de dollars). La fabrication par habitant en Birmanie était inférieure à celle du Japon (7 746,3 de dollars), de l'Allemagne (6 773,6 de dollars), des États-Unis (5 600,5 de dollars), de l'Italie (4 780,8 de dollars) et de la Chine (815,3 de dollars). La croissance de l'industrie de transformation en Birmanie était supérieure à celle des États-Unis (1,6%), du Japon (0,32%), de l'Allemagne (0,097%) et de l'Italie (-1,3%).

Les années 2010

La valeur de la fabrication en Birmanie était de 14,1 milliards de dollars par an dans les années 2010, se situant au 60ème rang mondial à égalité avec la Biélorussie (13,8 milliards de dollars). La part dans le monde était de 0,11% et de 0,23% en Asie.

La part de la fabrication dans l'économie de la Birmanie était de 21,7% dans les années 2010, se situant au 17ème rang mondial, à égalité avec l'Asie du Sud-Est (21,9%), l'Indonésie (21,5%).

La fabrication par habitant en Birmanie était de 268.2 dollars dans les années 2010, se situant au 136ème rang mondial, à égalité avec le Nicaragua (269,1 de dollars), l'Azerbaïdjan (270,2 de dollars), l'Asie du Sud (265,9 de dollars). La fabrication par habitant en Birmanie était 6,3 fois inférieure la fabrication par habitant au Monde (1 697,4 US$), et 5,2 fois inférieure la fabrication par habitant en Asie (1 401,2 US$).

La croissance de la fabrication en Birmanie était de 10.2% dans les années 2010, se classant au 7ème rang mondial. La croissance de l'industrie de transformation en Birmanie (10,2%) a été supérieure à celle du monde (3,9%), et supérieure à celle de l'Asie (6,0%).

Comparaison avec les voisins. La valeur ajoutée de la fabrication en Birmanie était 12,5 fois supérieure à celle du Laos (1,1 milliards de dollars); mais 221,7 fois inférieure à celle de la Chine (3,1 billions de dollars), 24,1 fois inférieure à celle de l'Inde (338,9 milliards de dollars), 8,4 fois inférieure à celle de la Thaïlande (118,1 milliards de dollars) et 2,4 fois inférieure à celle du Bangladesh (33,1 milliards de dollars). La fabrication par habitant en Birmanie était 3,0% supérieure à celle de l'Inde (260,3 de dollars), 25,9% supérieure à celle du Bangladesh (213,0 de dollars) et 60,3% supérieure à celle du Laos (167,3 de dollars); mais 8,3 fois inférieure à celle de la Chine (2 221,3 de dollars) et 6,4 fois inférieure à celle de la Thaïlande (1 723,9 de dollars). La croissance de la fabrication en Birmanie était supérieure à celle de la Chine (7,5%), de l'Inde (7,0%), du Laos (6,9%) et de la Thaïlande (2,7%); mais inférieure à celle du Bangladesh (10,6%).

Comparaison avec les leaders. Le secteur de la fabrication en Birmanie était 221,7 fois inférieur à celui de la Chine (3,1 billions de dollars), 147,3 fois inférieur à celui des États-Unis (2,1 billions de dollars), 75,4 fois inférieur à celui du Japon (1,1 billions de dollars), 52,3 fois inférieur à celui de l'Allemagne (735,2 milliards de dollars) et 27,8 fois inférieur à celui de la Corée du Sud (390,5 milliards de dollars). La fabrication par habitant en Birmanie était 33,5 fois inférieure à celle de l'Allemagne (8 981,7 de dollars), 30,9 fois inférieure à celle du Japon (8 286,2 de dollars), 28,8 fois inférieure à celle de la Corée du Sud (7 723,3 de dollars), 24,2 fois inférieure à celle des États-Unis (6 481,0 de dollars) et 8,3 fois inférieure à celle de la Chine (2 221,3 de dollars). La croissance de la fabrication en Birmanie était supérieure à celle de la Chine (7,5%), de la Corée du Sud (3,8%), de l'Allemagne (3,5%), du Japon (3,0%) et des États-Unis (1,9%).

Chapitre VI. Construction

(ISIC F)

La valeur de la construction en Birmanie est passé de 44,4 millions de dollars par an dans les années 1970 à 3,6 milliards de dollars par an dans les années 2010, c'est-à-dire 3,6 milliards de dollars ou de 82,0 fois. La variation a été de -1,4 milliards de dollars en raison de la baisse de 1,4 fois du prix, et de 5,0 milliards de dollars en raison de la croissance de productivité de 66,2 fois, et de 32,3 millions de dollars en raison de la croissance démographique. La croissance annuelle moyenne de la construction était de 11,2%. La valeur minimale était de 32,6 millions de dollars en 1975. La valeur maximale était de 4,8 milliards de dollars en 2019.

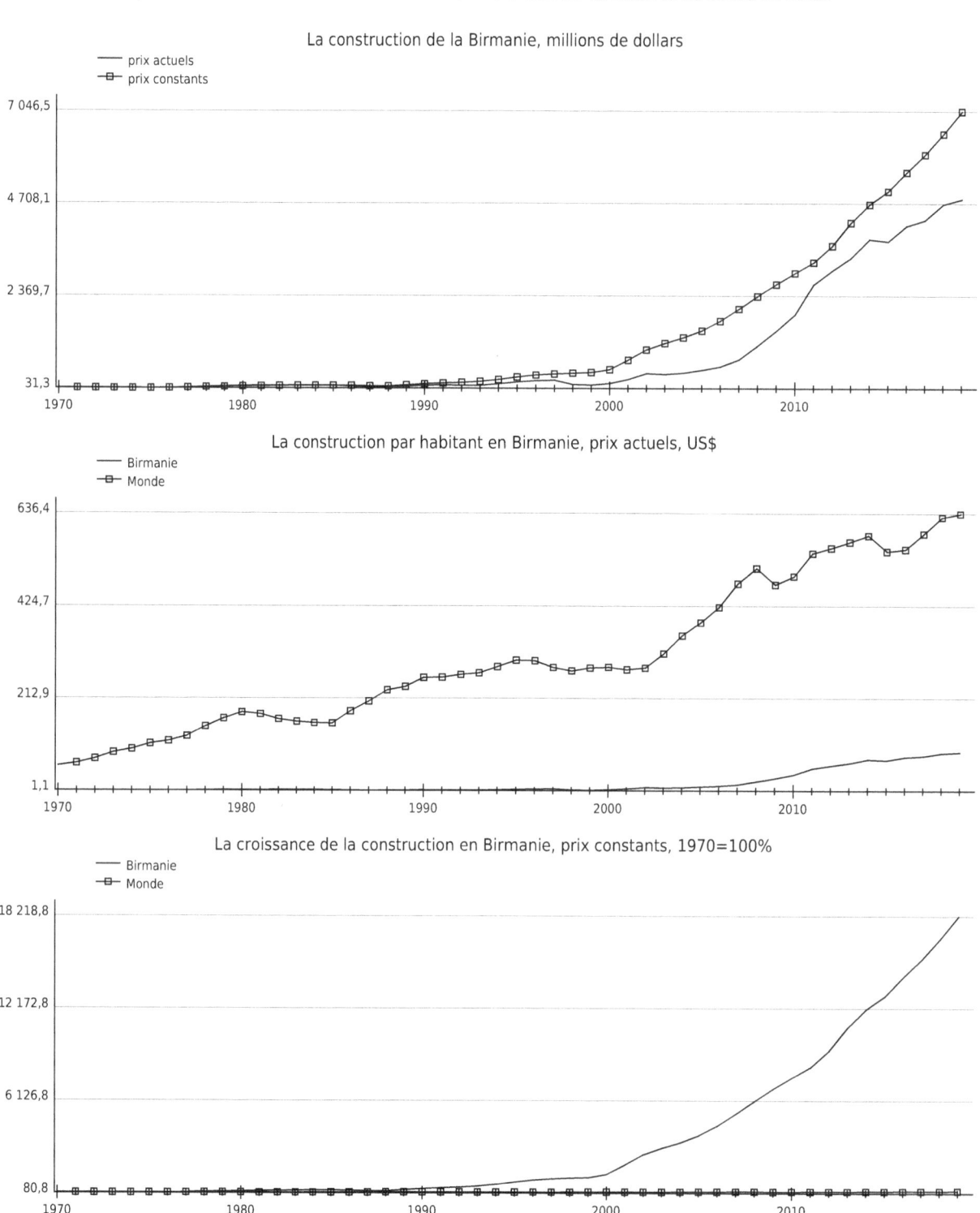

Chapitre VI. Construction

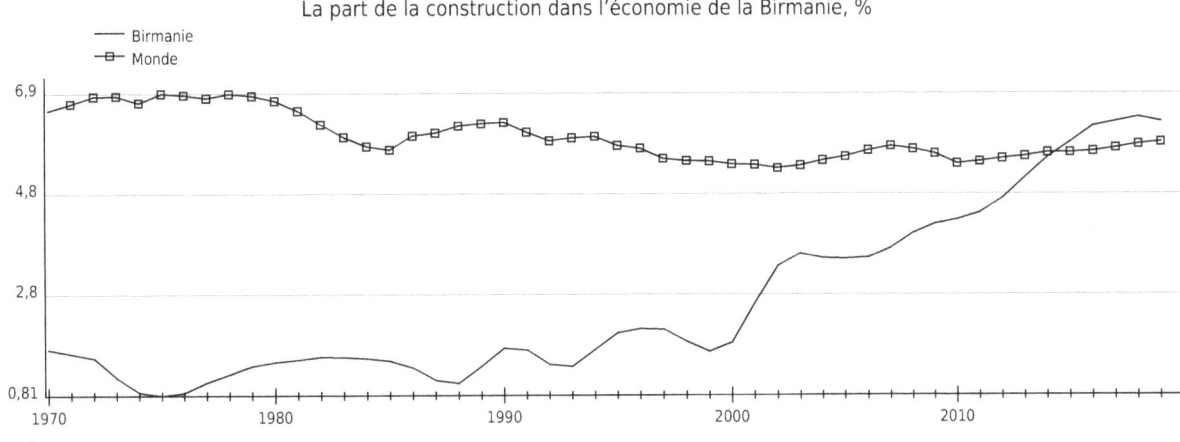

La part de la construction dans l'économie de la Birmanie, %

Les années 1970

La valeur de la construction en Birmanie était de 44,4 millions de dollars par an dans les années 1970, se situant au 119ème rang mondial à égalité avec le Népal (44,8 millions de dollars), Monaco (43,4 millions de dollars). La part dans le monde était de 0,010% et de 0,056% en Asie.

La part de la construction dans l'économie de la Birmanie était de 1,2% dans les années 1970, se classant au 181ème rang mondial.

La construction par habitant en Birmanie était de 1.5 dollars dans les années 1970, se classant au 184ème rang mondial. La construction par habitant en Birmanie était 72,5 fois inférieure la construction par habitant au Monde (106,1 US$), et 23,5 fois inférieure la construction par habitant en Asie (34,4 US$).

La croissance de la construction en Birmanie était de 6.5% dans les années 1970, se classant au 66ème rang mondial, à égalité avec le Mexique (6,4%), l'URSS (6,5%), l'Amérique centrale (6,5%). La croissance de la construction en Birmanie (6,5%) a été supérieure à celle du monde (2,1%), et supérieure à celle de l'Asie (5,1%).

Comparaison avec les voisins. La valeur de la construction en Birmanie était supérieure à celle du Laos (10,1 millions de dollars); mais inférieure à celle de la Chine (6,1 milliards de dollars), de l'Inde (4,3 milliards de dollars), de la Thaïlande (719,6 millions de dollars) et du Bangladesh (354,0 millions de dollars). La construction par habitant en Birmanie était inférieure à celle de la Thaïlande (17,2 de dollars), de l'Inde (7,0 de dollars), de la Chine (6,7 de dollars), du Bangladesh (5,1 de dollars) et du Laos (3,4 de dollars). La croissance de la construction en Birmanie était supérieure à celle de la Thaïlande (5,1%), de la Chine (4,4%), du Laos (3,0%), de l'Inde (2,0%) et du Bangladesh (0,015%).

Comparaison avec les leaders. Le secteur de la construction en Birmanie était inférieur à celui des États-Unis (81,1 milliards de dollars), de l'URSS (52,5 milliards de dollars), du Japon (43,5 milliards de dollars), de l'Allemagne (33,8 milliards de dollars) et de la France (22,4 milliards de dollars). La construction par habitant en Birmanie était inférieure à celle de l'Allemagne (428,6 de dollars), de la France (417,3 de dollars), du Japon (390,8 de dollars), des États-Unis (371,5 de dollars) et de l'URSS (208,1 de dollars). La croissance de la construction en Birmanie était supérieure à celle de l'URSS (6,5%), du Japon (3,4%), de la France (2,0%), de l'Allemagne (0,66%) et des États-Unis (0,31%).

Les années 1980

La valeur ajoutée de la construction en Birmanie était de 87,1 millions de dollars par an dans les années 1980, au 117ème rang mondial à égalité avec la Barbade (87,3 millions de dollars), l'Afghanistan (86,7 millions de dollars). La part dans le monde était de 0,0097% et de 0,037% en Asie.

La part de la construction dans l'économie de la Birmanie était de 1,4% dans les années 1980, au 180ème rang mondial.

La construction par habitant en Birmanie était de 2.3 dollars dans les années 1980, au 184ème rang mondial, à égalité avec le Viêt Nam (2,3 de dollars). La construction par habitant en Birmanie était 80,3 fois inférieure la construction par habitant au Monde (186,2 US$), et 35,9 fois inférieure la construction par habitant en Asie (83,3 US$).

La croissance de la construction en Birmanie était de 5.2% dans les années 1980, se classant au 43ème rang mondial, à égalité avec l'Égypte (5,2%). La croissance de la construction en Birmanie (5,2%) a été supérieure à celle du monde (1,7%), et supérieure à celle de l'Asie (2,7%).

Comparaison avec les voisins. La construction de la Birmanie était supérieure à celle du Laos (31,5 millions de dollars); mais inférieure à celle de la Chine (15,5 milliards de dollars), de l'Inde (11,7 milliards de dollars), de la Thaïlande (2,4 milliards de dollars) et du Bangladesh (1,1 milliards de dollars). La construction par habitant en Birmanie était inférieure à celle de la Thaïlande (45,9 de dollars), de l'Inde (15,1 de dollars), de la Chine (14,4 de dollars), du Bangladesh (12,1 de dollars) et du Laos (8,6 de dollars). La croissance de la construction en Birmanie était supérieure à celle du Bangladesh (5,1%) et de l'Inde (5,0%); mais inférieure à celle de la Chine (11,2%), de la Thaïlande (9,2%) et du Laos (7,0%).

Comparaison avec les leaders. La construction de la Birmanie était inférieure à celle des États-Unis (180,6 milliards de dollars), du Japon (138,7 milliards de dollars), de l'URSS (72,1 milliards de dollars), de l'Allemagne (57,8 milliards de dollars) et de la France (42,5 milliards de dollars). La construction par habitant en Birmanie était inférieure à celle du Japon (1 143,9 de dollars), des États-Unis (754,4 de dollars), de la France (751,9 de dollars), de l'Allemagne (740,2 de dollars) et de l'URSS (262,0 de dollars). La croissance de la construction en Birmanie était supérieure à celle du Japon (2,1%), des États-Unis (1,1%), de la France (0,67%) et de l'Allemagne (-0,52%); mais inférieure à celle de l'URSS (6,2%).

Les années 1990

La construction de la Birmanie était de 145,3 millions de dollars par an dans les années 1990, se situant au 135ème rang mondial à égalité avec l'Arménie (147,6 millions de dollars), les Bermudes (141,9 millions de dollars), l'Andorre (141,7 millions de dollars). La part dans le monde était de 0,0091% et de 0,026% en Asie.

La part de la construction dans l'économie de la Birmanie était de 1,8% dans les années 1990, se classant au 205ème rang mondial, à égalité avec la République centrafricaine (1,8%).

La construction par habitant en Birmanie était de 3.3 dollars dans les années 1990, au 207ème rang mondial, à égalité avec le Liberia (3,3 de dollars). La construction par habitant en Birmanie était 83,9 fois inférieure la construction par habitant au Monde (278,6 US$), et 47,8 fois inférieure la construction par habitant en Asie (158,8 US$).

La croissance de la construction en Birmanie était de 14.4% dans les années 1990, au 9ème rang mondial. La croissance de la construction en Birmanie (14,4%) a été supérieure à celle du monde (0,71%), et supérieure à celle de l'Asie (2,3%).

Comparaison avec les voisins. La valeur de la construction en Birmanie était supérieure à celle du Laos (90,4 millions de dollars); mais inférieure à celle de la Chine (41,3 milliards de dollars), de l'Inde (18,9 milliards de dollars), de la Thaïlande (8,2 milliards de dollars) et du Bangladesh (2,3 milliards de dollars). La construction par habitant en Birmanie était inférieure à celle de la Thaïlande (138,8 de dollars), de la Chine (33,5 de dollars), du Bangladesh (20,2 de dollars), de l'Inde (19,8 de dollars) et du Laos (18,9 de dollars). La croissance de la construction en Birmanie était supérieure à celle de la Chine (9,9%), du Bangladesh (7,2%), du Laos (6,3%), de l'Inde (5,6%) et de la Thaïlande (-0,70%).

Comparaison avec les leaders. La valeur de la construction en Birmanie était inférieure à celle du Japon (343,2 milliards de dollars), des États-Unis (299,1 milliards de dollars), de l'Allemagne (125,2 milliards de dollars), du Royaume-Uni (69,8 milliards de dollars) et de la France (68,8 milliards de dollars). La construction par habitant en Birmanie était inférieure à celle du Japon (2 721,7 de dollars), de l'Allemagne (1 552,3 de dollars), du Royaume-Uni (1 205,1 de dollars), de la France (1 158,8 de dollars) et des États-Unis (1 131,2 de dollars). La croissance de la construction en Birmanie était supérieure à celle des États-Unis (1,8%), de l'Allemagne (-0,047%), du Royaume-Uni (-0,34%), de la France (-0,65%) et du Japon (-1,0%).

Les années 2000

La valeur ajoutée de la construction en Birmanie était de 604,6 millions de dollars par an dans les années 2000, se classant au 108ème rang mondial à égalité avec le Paraguay (600,9 millions de dollars). La part dans le monde était de 0,024% et de 0,084% en Asie.

La part de la construction dans l'économie de la Birmanie était de 3,7% dans les années 2000, se classant au 177ème rang mondial.

La construction par habitant en Birmanie était de 12.4 dollars dans les années 2000, se classant au 197ème rang mondial. La construction par habitant en Birmanie était 30,7 fois inférieure la construction par habitant au Monde (381,3 US$), et 14,6 fois inférieure la construction par habitant en Asie (181,9 US$).

La croissance de la construction en Birmanie était de 19.9% dans les années 2000, se classant au 6ème rang mondial. La croissance de la construction en Birmanie (19,9%) a été supérieure à celle du monde (1,5%), et supérieure à celle de l'Asie (4,4%).

Comparaison avec les voisins. La construction de la Birmanie était supérieure à celle du Laos (121,9 millions de dollars); mais

Chapitre VI. Construction

inférieure à celle de la Chine (150,1 milliards de dollars), de l'Inde (66,2 milliards de dollars), de la Thaïlande (5,6 milliards de dollars) et du Bangladesh (4,4 milliards de dollars). La construction par habitant en Birmanie était inférieure à celle de la Chine (113,1 de dollars), de la Thaïlande (86,0 de dollars), de l'Inde (58,2 de dollars), du Bangladesh (32,3 de dollars) et du Laos (21,3 de dollars). La croissance de la construction en Birmanie était supérieure à celle de la Chine (11,9%), de l'Inde (9,3%), du Bangladesh (7,8%), du Laos (7,8%) et de la Thaïlande (1,8%).

Comparaison avec les leaders. La construction de la Birmanie était inférieure à celle des États-Unis (583,0 milliards de dollars), du Japon (270,5 milliards de dollars), de la Chine (150,1 milliards de dollars), du Royaume-Uni (132,1 milliards de dollars) et de l'Espagne (111,8 milliards de dollars). La construction par habitant en Birmanie était inférieure à celle de l'Espagne (2 560,2 de dollars), du Royaume-Uni (2 186,4 de dollars), du Japon (2 110,1 de dollars), des États-Unis (1 983,7 de dollars) et de la Chine (113,1 de dollars). La croissance de la construction en Birmanie était supérieure à celle de la Chine (11,9%), de l'Espagne (1,7%), du Royaume-Uni (0,17%), des États-Unis (-2,6%) et du Japon (-3,9%).

Les années 2010

La valeur de la construction en Birmanie était de 3,6 milliards de dollars par an dans les années 2010, au 74ème rang mondial. La part dans le monde était de 0,087% et de 0,21% en Asie.

La part de la construction dans l'économie de la Birmanie était de 5,6% dans les années 2010, se classant au 122ème rang mondial, à égalité avec l'Europe (5,6%).

La construction par habitant en Birmanie était de 69.4 dollars dans les années 2010, se situant au 176ème rang mondial, à égalité avec le Cameroun (68,9 de dollars), le Kenya (68,8 de dollars). La construction par habitant en Birmanie était 8,2 fois inférieure la construction par habitant au Monde (572,1 US$), et 5,7 fois inférieure la construction par habitant en Asie (392,9 US$).

La croissance de la construction en Birmanie était de 10.2% dans les années 2010, se situant au 15ème rang mondial. La croissance de la construction en Birmanie (10,2%) a été supérieure à celle du monde (2,9%), et supérieure à celle de l'Asie (5,6%).

Comparaison avec les voisins. La valeur de la construction en Birmanie était 4,7 fois supérieure à celle du Laos (771,4 millions de dollars); mais 200,9 fois inférieure à celle de la Chine (731,1 milliards de dollars), 46,2 fois inférieure à celle de l'Inde (168,1 milliards de dollars), 3,8 fois inférieure à celle du Bangladesh (13,7 milliards de dollars) et 3,1 fois inférieure à celle de la Thaïlande (11,3 milliards de dollars). La construction par habitant en Birmanie était 7,5 fois inférieure à celle de la Chine (521,3 de dollars), 2,4 fois inférieure à celle de la Thaïlande (165,2 de dollars), 46,2% inférieure à celle de l'Inde (129,1 de dollars), 39,7% inférieure à celle du Laos (115,2 de dollars) et 21,4% inférieure à celle du Bangladesh (88,3 de dollars). La croissance de la construction en Birmanie était supérieure à celle du Bangladesh (8,5%), de la Chine (8,2%), de l'Inde (5,2%) et de la Thaïlande (3,7%); mais inférieure à celle du Laos (14,6%).

Comparaison avec les leaders. Le secteur de la construction en Birmanie était 200,9 fois inférieur à celui de la Chine (731,1 milliards de dollars), 187,1 fois inférieur à celui des États-Unis (680,8 milliards de dollars), 76,6 fois inférieur à celui du Japon (278,7 milliards de dollars), 46,2 fois inférieur à celui de l'Inde (168,1 milliards de dollars) et 42,1 fois inférieur à celui de l'Allemagne (153,2 milliards de dollars). La construction par habitant en Birmanie était 31,4 fois inférieure à celle du Japon (2 178,3 de dollars), 30,7 fois inférieure à celle des États-Unis (2 130,9 de dollars), 27,0 fois inférieure à celle de l'Allemagne (1 871,9 de dollars), 7,5 fois inférieure à celle de la Chine (521,3 de dollars) et 46,2% inférieure à celle de l'Inde (129,1 de dollars). La croissance de la construction en Birmanie était supérieure à celle de la Chine (8,2%), de l'Inde (5,2%), de l'Allemagne (1,8%), du Japon (1,7%) et des États-Unis (1,4%).

Chapitre VII. Transport

Transport et stockage (ISIC I)

La valeur ajoutée du transport en Birmanie est passé de 176,0 millions de dollars par an dans les années 1970 à 8,7 milliards de dollars par an dans les années 2010, c'est-à-dire 8,5 milliards de dollars ou de 49,3 fois. La variation a été de -1,1 milliards de dollars en raison de la baisse de 1,1 fois du prix, et de 9,5 milliards de dollars en raison de la croissance de productivité de 32,2 fois, et de 128,2 millions de dollars en raison de la croissance démographique. La croissance annuelle moyenne du transport était de 9,5%. La valeur minimale était de 144,4 millions de dollars en 1972. La valeur maximale était de 10,2 milliards de dollars en 2019.

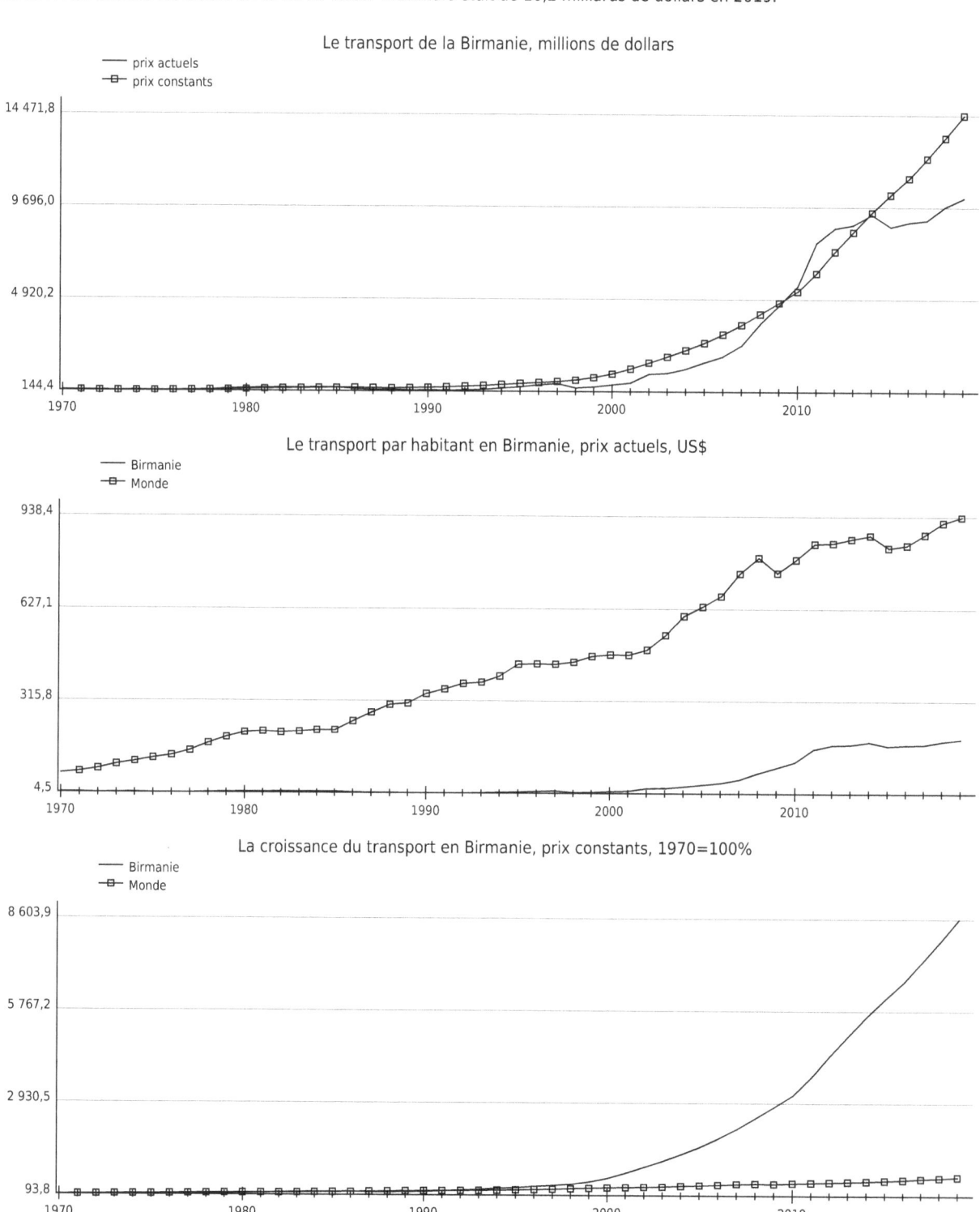

Chapitre VII. Transport

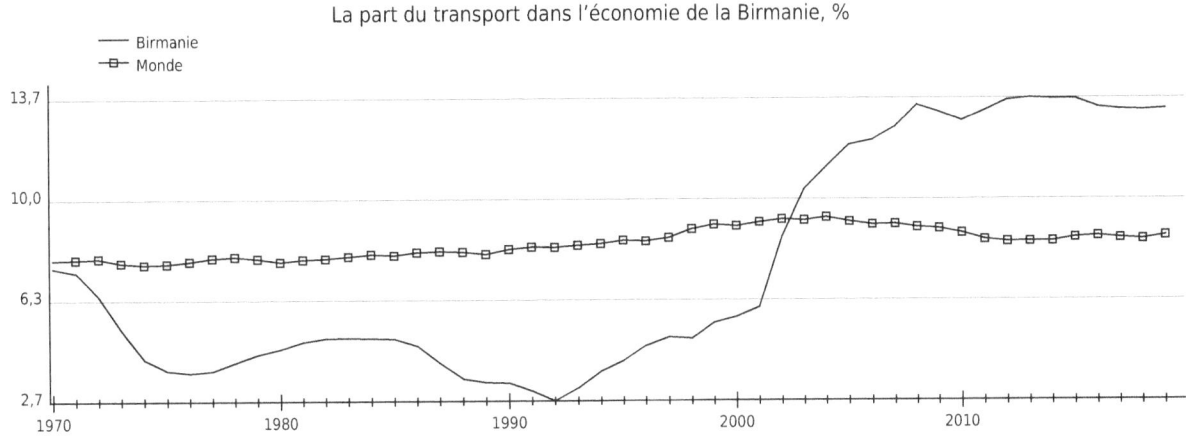
La part du transport dans l'économie de la Birmanie, %

Les années 1970

La valeur ajoutée du transport en Birmanie était de 176,0 millions de dollars par an dans les années 1970, se classant au 87ème rang mondial à égalité avec l'Éthiopie (178,9 millions de dollars), Madagascar (180,4 millions de dollars). La part dans le monde était de 0,036% et de 0,22% en Asie.

La part du transport dans l'économie de la Birmanie était de 4,7% dans les années 1970, au 139ème rang mondial, à égalité avec l'Est (4,7%), le Bhoutan (4,7%).

Le transport par habitant en Birmanie était de 5.8 dollars dans les années 1970, se situant au 171ème rang mondial, à égalité avec le Cambodge (5,8 de dollars), l'Inde (5,7 de dollars). Le transport par habitant en Birmanie était 21,1 fois inférieur le transport par habitant au Monde (122,3 US$), et 5,9 fois inférieur le transport par habitant en Asie (34,3 US$).

La croissance du transport en Birmanie était de 2.7% dans les années 1970, se classant au 150ème rang mondial, à égalité avec le Togo (2,7%), l'Uruguay (2,7%). La croissance du transport en Birmanie (2,7%) a été inférieure à celle du monde (4,6%), et inférieure à celle de l'Asie (4,1%).

Comparaison avec les voisins. La valeur du transport en Birmanie était supérieure à celle du Laos (11,9 millions de dollars); mais inférieure à celle de la Chine (7,5 milliards de dollars), de l'Inde (3,5 milliards de dollars), de la Thaïlande (902,9 millions de dollars) et du Bangladesh (708,5 millions de dollars). Le transport par habitant en Birmanie était supérieur à celui de l'Inde (5,7 de dollars) et du Laos (4,0 de dollars); mais inférieur à celui de la Thaïlande (21,6 de dollars), du Bangladesh (10,1 de dollars) et de la Chine (8,2 de dollars). La croissance du transport en Birmanie était supérieure à celle du Bangladesh (1,7%); mais inférieure à celle de la Chine (6,8%), de la Thaïlande (6,6%), de l'Inde (6,1%) et du Laos (3,2%).

Comparaison avec les leaders. Le transport de la Birmanie était inférieur à celui des États-Unis (168,6 milliards de dollars), du Japon (46,4 milliards de dollars), de l'Allemagne (29,6 milliards de dollars), de l'URSS (28,8 milliards de dollars) et de la France (24,0 milliards de dollars). Le transport par habitant en Birmanie était inférieur à celui des États-Unis (772,4 de dollars), de la France (447,4 de dollars), du Japon (416,6 de dollars), de l'Allemagne (376,1 de dollars) et de l'URSS (114,0 de dollars). La croissance du transport en Birmanie était supérieure à celle du Japon (1,7%); mais inférieure à celle de l'URSS (8,1%), des États-Unis (4,2%), de la France (4,1%) et de l'Allemagne (3,0%).

Les années 1980

La valeur ajoutée du transport en Birmanie était de 276,3 millions de dollars par an dans les années 1980, se situant au 97ème rang mondial à égalité avec le Gabon (276,1 millions de dollars). La part dans le monde était de 0,024% et de 0,11% en Asie.

La part du transport dans l'économie de la Birmanie était de 4,5% dans les années 1980, se situant au 152ème rang mondial, à égalité avec la Guinée (4,6%).

Le transport par habitant en Birmanie était de 7.4 dollars dans les années 1980, se classant au 177ème rang mondial. Le transport par habitant en Birmanie était 32,9 fois inférieur le transport par habitant au Monde (242,0 US$), et 11,8 fois inférieur le transport par habitant en Asie (86,8 US$).

La croissance du transport en Birmanie était de 4% dans les années 1980, se classant au 87ème rang mondial, à égalité avec les Caraïbes (3,9%), l'Italie (3,9%). La croissance du transport en Birmanie (4,0%) a été supérieure à celle du monde (3,4%), et inférieure à celle de l'Asie (5,2%).

Comparaison avec les voisins. Le transport de la Birmanie était supérieur à celui du Laos (34,4 millions de dollars); mais inférieur à celui de la Chine (15,3 milliards de dollars), de l'Inde (10,6 milliards de dollars), de la Thaïlande (3,3 milliards de dollars) et du Bangladesh (1,8 milliards de dollars). Le transport par habitant en Birmanie était inférieur à celui de la Thaïlande (64,3 de dollars), du Bangladesh (20,1 de dollars), de la Chine (14,3 de dollars), de l'Inde (13,7 de dollars) et du Laos (9,4 de dollars). La croissance du transport en Birmanie était inférieure à celle de la Chine (10,1%), de la Thaïlande (8,2%), du Laos (7,7%), de l'Inde (7,1%) et du Bangladesh (4,5%).

Comparaison avec les leaders. La valeur du transport en Birmanie était inférieure à celle des États-Unis (394,9 milliards de dollars), du Japon (147,7 milliards de dollars), de l'Allemagne (56,6 milliards de dollars), de la France (56,2 milliards de dollars) et du Royaume-Uni (53,0 milliards de dollars). Le transport par habitant en Birmanie était inférieur à celui des États-Unis (1 649,2 de dollars), du Japon (1 217,8 de dollars), de la France (993,7 de dollars), du Royaume-Uni (938,7 de dollars) et de l'Allemagne (725,5 de dollars). La croissance du transport en Birmanie était supérieure à celle des États-Unis (3,6%), du Royaume-Uni (3,0%) et de l'Allemagne (1,8%); mais inférieure à celle de la France (5,4%) et du Japon (4,7%).

Les années 1990

Le transport de la Birmanie était de 326,3 millions de dollars par an dans les années 1990, au 116ème rang mondial à égalité avec le Qatar (327,6 millions de dollars), les Bahamas (331,8 millions de dollars). La part dans le monde était de 0,014% et de 0,053% en Asie.

La part du transport dans l'économie de la Birmanie était de 4,1% dans les années 1990, se situant au 188ème rang mondial, à égalité avec la Palestine (4,1%), le Tadjikistan (4,1%), le Brésil (4,1%).

Le transport par habitant en Birmanie était de 7.5 dollars dans les années 1990, au 203ème rang mondial, à égalité avec le Burundi (7,3 dollars). Le transport par habitant en Birmanie était 54,9 fois inférieur le transport par habitant au Monde (409,5 US$), et 23,7 fois inférieur le transport par habitant en Asie (177,2 US$).

La croissance du transport en Birmanie était de 10.7% dans les années 1990, au 12ème rang mondial, à égalité avec le Luxembourg (10,6%). La croissance du transport en Birmanie (10,7%) a été supérieure à celle du monde (4,0%), et supérieure à celle de l'Asie (5,4%).

Comparaison avec les voisins. La valeur ajoutée du transport en Birmanie était supérieure à celle du Laos (54,2 millions de dollars); mais inférieure à celle de la Chine (40,5 milliards de dollars), de l'Inde (21,1 milliards de dollars), de la Thaïlande (10,1 milliards de dollars) et du Bangladesh (3,2 milliards de dollars). Le transport par habitant en Birmanie était inférieur à celui de la Thaïlande (169,5 de dollars), de la Chine (32,9 de dollars), du Bangladesh (27,8 de dollars), de l'Inde (22,1 de dollars) et du Laos (11,4 de dollars). La croissance du transport en Birmanie était supérieure à celle de la Chine (10,4%), de l'Inde (7,7%), de la Thaïlande (7,5%), du Laos (5,1%) et du Bangladesh (4,6%).

Comparaison avec les leaders. La valeur ajoutée du transport en Birmanie était inférieure à celle des États-Unis (702,6 milliards de dollars), du Japon (373,9 milliards de dollars), de l'Allemagne (144,3 milliards de dollars), de la France (118,7 milliards de dollars) et du Royaume-Uni (117,6 milliards de dollars). Le transport par habitant en Birmanie était inférieur à celui du Japon (2 965,8 de dollars), des États-Unis (2 656,9 de dollars), du Royaume-Uni (2 031,3 de dollars), de la France (1 999,2 de dollars) et de l'Allemagne (1 789,0 de dollars). La croissance du transport en Birmanie était supérieure à celle des États-Unis (5,0%), de la France (4,8%), du Royaume-Uni (4,7%), de l'Allemagne (3,9%) et du Japon (3,0%).

Les années 2000

Le transport de la Birmanie était de 1,9 milliards de dollars par an dans les années 2000, se classant au 81ème rang mondial à égalité avec la Tanzanie (1,9 milliards de dollars), l'Ouzbékistan (1,9 milliards de dollars), d'Oman (1,9 milliards de dollars). La part dans le monde était de 0,047% et de 0,18% en Asie.

La part du transport dans l'économie de la Birmanie était de 11,5% dans les années 2000, se situant au 42ème rang mondial, à égalité avec le Sri Lanka (11,5%).

Le transport par habitant en Birmanie était de 38.9 dollars dans les années 2000, au 182ème rang mondial, à égalité avec le Kirghizistan (39,0 de dollars). Le transport par habitant en Birmanie était 16,0 fois inférieur le transport par habitant au Monde (621,1 US$), et 6,8 fois inférieur le transport par habitant en Asie (264,8 US$).

Chapitre VII. Transport

La croissance du transport en Birmanie était de 18.5% dans les années 2000, se classant au 4ème rang mondial. La croissance du transport en Birmanie (18,5%) a été supérieure à celle du monde (3,9%), et supérieure à celle de l'Asie (5,4%).

Comparaison avec les voisins. La valeur ajoutée du transport en Birmanie était supérieure à celle du Laos (126,4 millions de dollars); mais inférieure à celle de la Chine (140,8 milliards de dollars), de l'Inde (55,5 milliards de dollars), de la Thaïlande (16,4 milliards de dollars) et du Bangladesh (6,2 milliards de dollars). Le transport par habitant en Birmanie était supérieur à celui du Laos (22,1 de dollars); mais inférieur à celui de la Thaïlande (252,2 de dollars), de la Chine (106,2 de dollars), de l'Inde (48,8 de dollars) et du Bangladesh (45,2 de dollars). La croissance du transport en Birmanie était supérieure à celle de l'Inde (10,4%), de la Chine (8,8%), du Laos (8,8%), du Bangladesh (7,5%) et de la Thaïlande (6,3%).

Comparaison avec les leaders. Le secteur du transport en Birmanie était inférieur à celui des États-Unis (1,2 billions de dollars), du Japon (468,5 milliards de dollars), de l'Allemagne (228,2 milliards de dollars), du Royaume-Uni (215,9 milliards de dollars) et de la France (185,6 milliards de dollars). Le transport par habitant en Birmanie était inférieur à celui des États-Unis (4 029,0 de dollars), du Japon (3 655,1 de dollars), du Royaume-Uni (3 572,9 de dollars), de la France (2 955,1 de dollars) et de l'Allemagne (2 803,7 de dollars). La croissance du transport en Birmanie était supérieure à celle de l'Allemagne (3,4%), du Royaume-Uni (3,1%), des États-Unis (3,1%), de la France (2,7%) et du Japon (1,5%).

Les années 2010

La valeur du transport en Birmanie était de 8,7 milliards de dollars par an dans les années 2010, se classant au 59ème rang mondial. La part dans le monde était de 0,14% et de 0,46% en Asie.

La part du transport dans l'économie de la Birmanie était de 13,4% dans les années 2010, au 14ème rang mondial, à égalité avec le Sri Lanka (13,4%).

Le transport par habitant en Birmanie était de 165.5 dollars dans les années 2010, se situant au 158ème rang mondial. Le transport par habitant en Birmanie était 5,2 fois inférieur le transport par habitant au Monde (864,8 US$), et 2,6 fois inférieur le transport par habitant en Asie (430,2 US$).

La croissance du transport en Birmanie était de 11,8% dans les années 2010, au 5ème rang mondial. La croissance du transport en Birmanie (11,8%) a été supérieure à celle du monde (4,0%), et supérieure à celle de l'Asie (4,7%).

Comparaison avec les voisins. La valeur ajoutée du transport en Birmanie était 20,8 fois supérieure à celle du Laos (416,3 millions de dollars); mais 53,5 fois inférieure à celle de la Chine (464,2 milliards de dollars), 15,2 fois inférieure à celle de l'Inde (132,0 milliards de dollars), 3,8 fois inférieure à celle de la Thaïlande (33,0 milliards de dollars) et 2,2 fois inférieure à celle du Bangladesh (18,9 milliards de dollars). Le transport par habitant en Birmanie était 35,9% supérieur à celui du Bangladesh (121,8 de dollars), 63,3% supérieur à celui de l'Inde (101,4 de dollars) et 2,7 fois supérieur à celui du Laos (62,1 de dollars); mais 2,9 fois inférieur à celui de la Thaïlande (481,7 de dollars) et 50,0% inférieur à celui de la Chine (331,0 de dollars). La croissance du transport en Birmanie était supérieure à celle du Laos (8,0%), de la Chine (7,5%), du Bangladesh (7,0%), de l'Inde (6,6%) et de la Thaïlande (4,3%).

Comparaison avec les leaders. La valeur du transport en Birmanie était 206,2 fois inférieure à celle des États-Unis (1,8 billions de dollars), 61,1 fois inférieure à celle du Japon (529,8 milliards de dollars), 53,5 fois inférieure à celle de la Chine (464,2 milliards de dollars), 34,6 fois inférieure à celle de l'Allemagne (300,0 milliards de dollars) et 29,7 fois inférieure à celle du Royaume-Uni (257,7 milliards de dollars). Le transport par habitant en Birmanie était 33,8 fois inférieur à celui des États-Unis (5 597,8 de dollars), 25,0 fois inférieur à celui du Japon (4 141,7 de dollars), 23,7 fois inférieur à celui du Royaume-Uni (3 929,2 de dollars), 22,1 fois inférieur à celui de l'Allemagne (3 665,2 de dollars) et 50,0% inférieur à celui de la Chine (331,0 de dollars). La croissance du transport en Birmanie était supérieure à celle de la Chine (7,5%), des États-Unis (5,1%), du Royaume-Uni (2,8%), de l'Allemagne (2,7%) et du Japon (0,81%).

Chapitre VIII. Commerce

Commerce de gros et de détail; restaurants et hôtels (ISIC G-H)

Le commerce de la Birmanie est passé de 1,0 milliards de dollars par an dans les années 1970 à 12,6 milliards de dollars par an dans les années 2010, c'est-à-dire 11,6 milliards de dollars ou de 12,5 fois. La variation a été de 4,0 milliards de dollars en raison de l'augmentation de 1,5 fois des prix, et de 6,9 milliards de dollars en raison de la croissance de productivité de 4,9 fois, et de 735,2 millions de dollars en raison de la croissance démographique. La croissance annuelle moyenne du commerce était de 5,4%. La valeur minimale était de 530,3 millions de dollars en 1972. La valeur maximale était de 15,5 milliards de dollars en 2019.

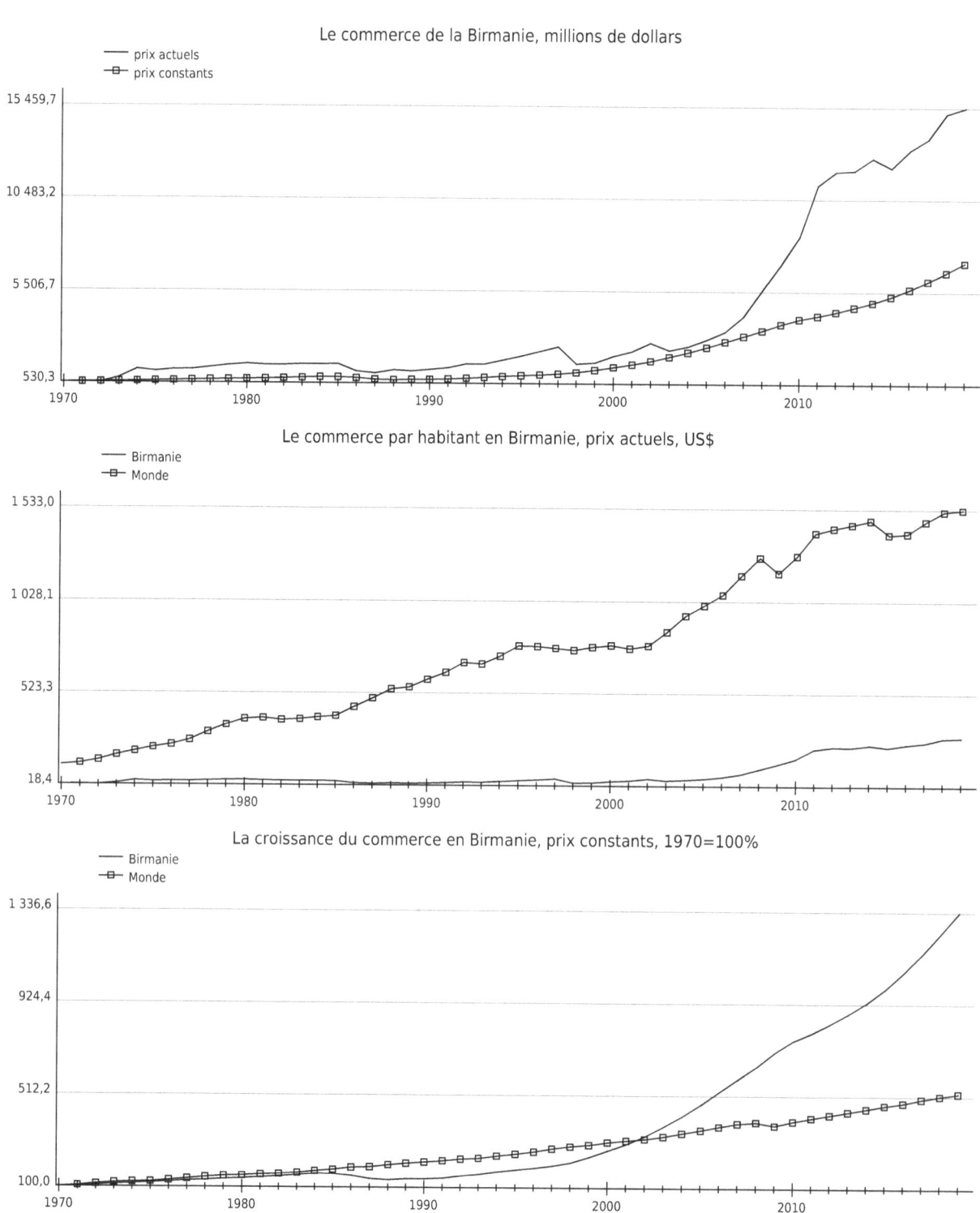

Chapitre VIII. Commerce

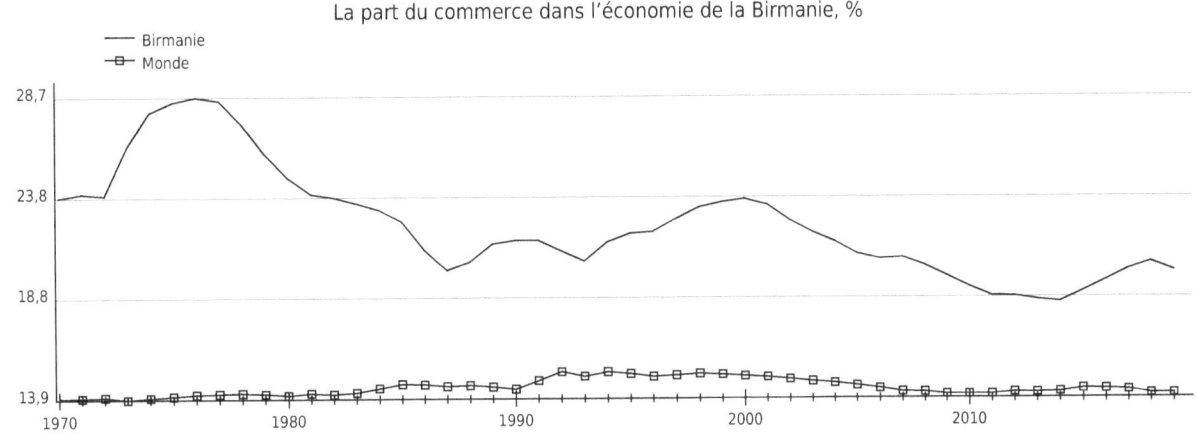

Les années 1970

Le secteur du commerce en Birmanie était de 1,0 milliards de dollars par an dans les années 1970, au 61ème rang mondial à égalité avec le Zimbabwe (1,0 milliards de dollars), la Hongrie (994,2 millions de dollars). La part dans le monde était de 0,11% et de 0,65% en Asie.

La part du commerce dans l'économie de la Birmanie était de 26,9% dans les années 1970, au 18ème rang mondial.

Le commerce par habitant en Birmanie était de 33.3 dollars dans les années 1970, se classant au 155ème rang mondial, à égalité avec l'Est (33,7 de dollars), le Soudan (34,1 de dollars). Le commerce par habitant en Birmanie était 6,6 fois inférieur le commerce par habitant au Monde (221,0 US$), et 2,0 fois inférieur le commerce par habitant en Asie (67,4 US$).

La croissance du commerce en Birmanie était de 3.4% dans les années 1970, se classant au 127ème rang mondial, à égalité avec la Finlande (3,4%). La croissance du commerce en Birmanie (3,4%) a été inférieure à celle du monde (4,5%), et inférieure à celle de l'Asie (7,7%).

Comparaison avec les voisins. La valeur ajoutée du commerce en Birmanie était supérieure à celle du Laos (28,3 millions de dollars); mais inférieure à celle de la Chine (11,1 milliards de dollars), de l'Inde (5,8 milliards de dollars), de la Thaïlande (3,6 milliards de dollars) et du Bangladesh (1,2 milliards de dollars). Le commerce par habitant en Birmanie était supérieur à celui du Bangladesh (17,4 de dollars), de la Chine (12,2 de dollars), du Laos (9,5 de dollars) et de l'Inde (9,4 de dollars); mais inférieur à celui de la Thaïlande (86,2 de dollars). La croissance du commerce en Birmanie était supérieure à celle du Bangladesh (3,0%) et du Laos (3,0%); mais inférieure à celle de la Thaïlande (6,2%), de la Chine (6,1%) et de l'Inde (4,1%).

Comparaison avec les leaders. La valeur du commerce en Birmanie était inférieure à celle des États-Unis (278,3 milliards de dollars), du Japon (90,3 milliards de dollars), de l'URSS (62,3 milliards de dollars), de l'Allemagne (61,1 milliards de dollars) et de la France (40,9 milliards de dollars). Le commerce par habitant en Birmanie était inférieur à celui des États-Unis (1 275,1 de dollars), du Japon (811,1 de dollars), de l'Allemagne (775,5 de dollars), de la France (762,4 de dollars) et de l'URSS (247,1 de dollars). La croissance du commerce en Birmanie était supérieure à celle de l'Allemagne (3,0%); mais inférieure à celle du Japon (8,2%), de l'URSS (5,2%), de la France (3,9%) et des États-Unis (3,9%).

Les années 1980

La valeur ajoutée du commerce en Birmanie était de 1,4 milliards de dollars par an dans les années 1980, se situant au 69ème rang mondial à égalité avec la République dominicaine (1,4 milliards de dollars), la Mélanésie (1,4 milliards de dollars). La part dans le monde était de 0,065% et de 0,29% en Asie.

La part du commerce dans l'économie de la Birmanie était de 22,6% dans les années 1980, se situant au 30ème rang mondial, à égalité avec le Mexique (22,5%).

Le commerce par habitant en Birmanie était de 36.8 dollars dans les années 1980, au 166ème rang mondial. Le commerce par habitant en Birmanie était 11,9 fois inférieur le commerce par habitant au Monde (437,7 US$), et 4,5 fois inférieur le commerce par habitant en Asie (166,8 US$).

La croissance du commerce en Birmanie était de 0.2% dans les années 1980, se situant au 157ème rang mondial. La croissance du commerce en Birmanie (0,18%) a été inférieure à celle du monde (3,3%), et inférieure à celle de l'Asie (5,8%).

Comparaison avec les voisins. Le commerce de la Birmanie était supérieur à celui du Laos (82,1 millions de dollars); mais inférieur à celui de la Chine (26,8 milliards de dollars), de l'Inde (16,8 milliards de dollars), de la Thaïlande (10,7 milliards de dollars) et du Bangladesh (2,6 milliards de dollars). Le commerce par habitant en Birmanie était supérieur à celui du Bangladesh (29,1 de dollars), de la Chine (25,0 de dollars), du Laos (22,4 de dollars) et de l'Inde (21,7 de dollars); mais inférieur à celui de la Thaïlande (207,5 de dollars). La croissance du commerce en Birmanie était inférieure à celle de la Chine (12,7%), de la Thaïlande (7,5%), du Laos (7,3%), de l'Inde (6,1%) et du Bangladesh (3,6%).

Comparaison avec les leaders. Le commerce de la Birmanie était inférieur à celui des États-Unis (653,3 milliards de dollars), du Japon (277,3 milliards de dollars), de l'Allemagne (116,7 milliards de dollars), de l'URSS (112,3 milliards de dollars) et de l'Italie (95,7 milliards de dollars). Le commerce par habitant en Birmanie était inférieur à celui des États-Unis (2 728,2 de dollars), du Japon (2 286,5 de dollars), de l'Italie (1 684,2 de dollars), de l'Allemagne (1 496,0 de dollars) et de l'URSS (408,1 de dollars). La croissance du commerce en Birmanie était supérieure à celle de l'URSS (-0,62%); mais inférieure à celle du Japon (4,9%), des États-Unis (4,4%), de l'Italie (2,3%) et de l'Allemagne (1,8%).

Les années 1990

La valeur ajoutée du commerce en Birmanie était de 1,8 milliards de dollars par an dans les années 1990, se situant au 78ème rang mondial à égalité avec le Costa Rica (1,8 milliards de dollars). La part dans le monde était de 0,043% et de 0,15% en Asie.

La part du commerce dans l'économie de la Birmanie était de 22,0% dans les années 1990, se classant au 27ème rang mondial, à égalité avec Montserrat (22,2%).

Le commerce par habitant en Birmanie était de 40.1 dollars dans les années 1990, se situant au 186ème rang mondial, à égalité avec le Bangladesh (40,4 de dollars), le Togo (40,8 de dollars). Le commerce par habitant en Birmanie était 18,0 fois inférieur le commerce par habitant au Monde (721,8 US$), et 8,4 fois inférieur le commerce par habitant en Asie (337,1 US$).

La croissance du commerce en Birmanie était de 5.6% dans les années 1990, se situant au 36ème rang mondial. La croissance du commerce en Birmanie (5,6%) a été supérieure à celle du monde (3,5%), et supérieure à celle de l'Asie (4,9%).

Comparaison avec les voisins. La valeur ajoutée du commerce en Birmanie était supérieure à celle du Laos (201,1 millions de dollars); mais inférieure à celle de la Chine (71,6 milliards de dollars), de la Thaïlande (28,6 milliards de dollars), de l'Inde (28,0 milliards de dollars) et du Bangladesh (4,6 milliards de dollars). Le commerce par habitant en Birmanie était supérieur à celui de l'Inde (29,3 de dollars); mais inférieur à celui de la Thaïlande (482,1 de dollars), de la Chine (58,1 de dollars), du Laos (42,2 de dollars) et du Bangladesh (40,4 de dollars). La croissance du commerce en Birmanie était supérieure à celle du Bangladesh (5,0%) et de la Thaïlande (3,7%); mais inférieure à celle du Laos (11,6%), de la Chine (7,7%) et de l'Inde (7,6%).

Comparaison avec les leaders. Le commerce de la Birmanie était inférieur à celui des États-Unis (1,2 billions de dollars), du Japon (713,2 milliards de dollars), de l'Allemagne (243,7 milliards de dollars), de l'Italie (185,6 milliards de dollars) et de la France (177,0 milliards de dollars). Le commerce par habitant en Birmanie était inférieur à celui du Japon (5 656,5 de dollars), des États-Unis (4 395,6 de dollars), de l'Italie (3 255,0 de dollars), de l'Allemagne (3 021,8 de dollars) et de la France (2 980,3 de dollars). La croissance du commerce en Birmanie était supérieure à celle des États-Unis (4,3%), du Japon (3,8%), de l'Allemagne (2,5%), de la France (2,4%) et de l'Italie (1,9%).

Les années 2000

La valeur ajoutée du commerce en Birmanie était de 3,5 milliards de dollars par an dans les années 2000, se classant au 76ème rang mondial à égalité avec la Bulgarie (3,6 milliards de dollars). La part dans le monde était de 0,054% et de 0,20% en Asie.

La part du commerce dans l'économie de la Birmanie était de 21,1% dans les années 2000, au 31ème rang mondial, à égalité avec le Suriname (21,2%), la Russie (20,9%).

Le commerce par habitant en Birmanie était de 71.6 dollars dans les années 2000, se situant au 183ème rang mondial. Le commerce par habitant en Birmanie était 13,8 fois inférieur le commerce par habitant au Monde (990,3 US$), et 6,1 fois inférieur le commerce par habitant en Asie (438,7 US$).

La croissance du commerce en Birmanie était de 11.5% dans les années 2000, se classant au 11ème rang mondial. La croissance du commerce en Birmanie (11,5%) a été supérieure à celle du monde (2,7%), et supérieure à celle de l'Asie (4,5%).

Comparaison avec les voisins. La valeur du commerce en Birmanie était supérieure à celle du Laos (519,7 millions de dollars); mais

Chapitre VIII. Commerce

inférieure à celle de la Chine (262,0 milliards de dollars), de l'Inde (78,2 milliards de dollars), de la Thaïlande (34,9 milliards de dollars) et du Bangladesh (9,0 milliards de dollars). Le commerce par habitant en Birmanie était supérieur à celui de l'Inde (68,7 de dollars) et du Bangladesh (65,6 de dollars); mais inférieur à celui de la Thaïlande (536,8 de dollars), de la Chine (197,5 de dollars) et du Laos (90,8 de dollars). La croissance du commerce en Birmanie était supérieure à celle du Laos (9,7%), de l'Inde (7,0%), du Bangladesh (6,8%) et de la Thaïlande (2,9%); mais inférieure à celle de la Chine (11,9%).

Comparaison avec les leaders. Le secteur du commerce en Birmanie était inférieur à celui des États-Unis (1,9 billions de dollars), du Japon (771,8 milliards de dollars), de l'Allemagne (296,0 milliards de dollars), du Royaume-Uni (293,5 milliards de dollars) et de la Chine (262,0 milliards de dollars). Le commerce par habitant en Birmanie était inférieur à celui des États-Unis (6 383,1 de dollars), du Japon (6 021,3 de dollars), du Royaume-Uni (4 856,7 de dollars), de l'Allemagne (3 637,0 de dollars) et de la Chine (197,5 de dollars). La croissance du commerce en Birmanie était supérieure à celle de l'Allemagne (1,7%), du Royaume-Uni (1,3%), des États-Unis (1,1%) et du Japon (-0,77%); mais inférieure à celle de la Chine (11,9%).

Les années 2010

La valeur du commerce en Birmanie était de 12,6 milliards de dollars par an dans les années 2010, se classant au 62ème rang mondial à égalité avec le Guatemala (12,7 milliards de dollars), la République dominicaine (12,4 milliards de dollars), le Soudan (12,4 milliards de dollars). La part dans le monde était de 0,12% et de 0,35% en Asie.

La part du commerce dans l'économie de la Birmanie était de 19,5% dans les années 2010, au 47ème rang mondial, à égalité avec le Portugal (19,5%), les Îles Vierges britanniques (19,4%), le Cap-Vert (19,4%).

Le commerce par habitant en Birmanie était de 240.9 dollars dans les années 2010, se situant au 168ème rang mondial, à égalité avec la Gambie (239,8 dollars), la Côte d'Ivoire (244,8 de dollars). Le commerce par habitant en Birmanie était 6,0 fois inférieur le commerce par habitant au Monde (1 436,8 US$), et 3,4 fois inférieur le commerce par habitant en Asie (821,1 US$).

La croissance du commerce en Birmanie était de 6.6% dans les années 2010, au 30ème rang mondial, à égalité avec le Mali (6,6%). La croissance du commerce en Birmanie (6,6%) a été supérieure à celle du monde (3,3%), et supérieure à celle de l'Asie (5,6%).

Comparaison avec les voisins. Le secteur du commerce en Birmanie était 6,3 fois supérieur à celui du Laos (2,0 milliards de dollars); mais 94,6 fois inférieur à celui de la Chine (1,2 billions de dollars), 18,4 fois inférieur à celui de l'Inde (232,5 milliards de dollars), 6,4 fois inférieur à celui de la Thaïlande (80,8 milliards de dollars) et 2,1 fois inférieur à celui du Bangladesh (26,3 milliards de dollars). Le commerce par habitant en Birmanie était 34,9% supérieur à celui de l'Inde (178,6 de dollars) et 42,3% supérieur à celui du Bangladesh (169,3 de dollars); mais 4,9 fois inférieur à celui de la Thaïlande (1 179,8 de dollars), 3,5 fois inférieur à celui de la Chine (851,7 de dollars) et 19,9% inférieur à celui du Laos (300,6 de dollars). La croissance du commerce en Birmanie était supérieure à celle de la Thaïlande (6,1%); mais inférieure à celle de l'Inde (9,7%), de la Chine (8,9%), du Laos (8,4%) et du Bangladesh (6,8%).

Comparaison avec les leaders. Le commerce de la Birmanie était 207,2 fois inférieur à celui des États-Unis (2,6 billions de dollars), 94,6 fois inférieur à celui de la Chine (1,2 billions de dollars), 68,9 fois inférieur à celui du Japon (869,5 milliards de dollars), 29,5 fois inférieur à celui de l'Allemagne (372,6 milliards de dollars) et 26,1 fois inférieur à celui du Royaume-Uni (330,0 milliards de dollars). Le commerce par habitant en Birmanie était 34,0 fois inférieur à celui des États-Unis (8 186,4 de dollars), 28,2 fois inférieur à celui du Japon (6 797,1 de dollars), 20,9 fois inférieur à celui du Royaume-Uni (5 030,4 de dollars), 18,9 fois inférieur à celui de l'Allemagne (4 551,8 de dollars) et 3,5 fois inférieur à celui de la Chine (851,7 de dollars). La croissance du commerce en Birmanie était supérieure à celle du Royaume-Uni (2,8%), des États-Unis (2,3%), de l'Allemagne (2,0%) et du Japon (0,77%); mais inférieure à celle de la Chine (8,9%).

Chapitre IX. Services

(ISIC J-P)

La valeur des services en Birmanie est passé de 454,1 millions de dollars par an dans les années 1970 à 3,9 milliards de dollars par an dans les années 2010, c'est-à-dire 3,5 milliards de dollars ou de 8,7 fois. La variation a été de -3,8 milliards de dollars en raison de la baisse de 2,0 fois du prix, et de 6,9 milliards de dollars en raison de la croissance de productivité de 9,8 fois, et de 330,8 millions de dollars en raison de la croissance démographique. La croissance annuelle moyenne des services était de 7,4%. La valeur minimale était de 170,2 millions de dollars en 1998. La valeur maximale était de 5,2 milliards de dollars en 2019.

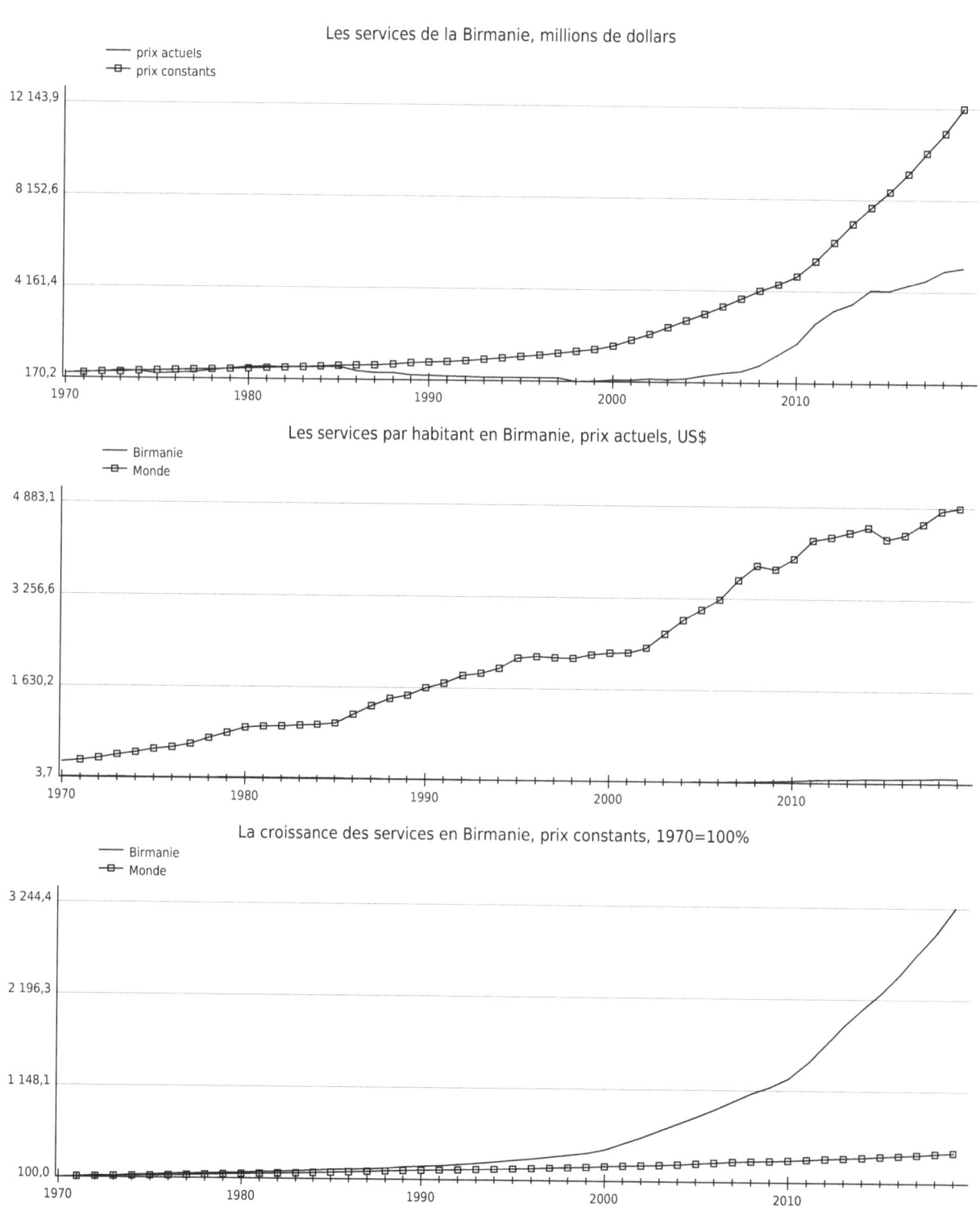

Chapitre IX. Services

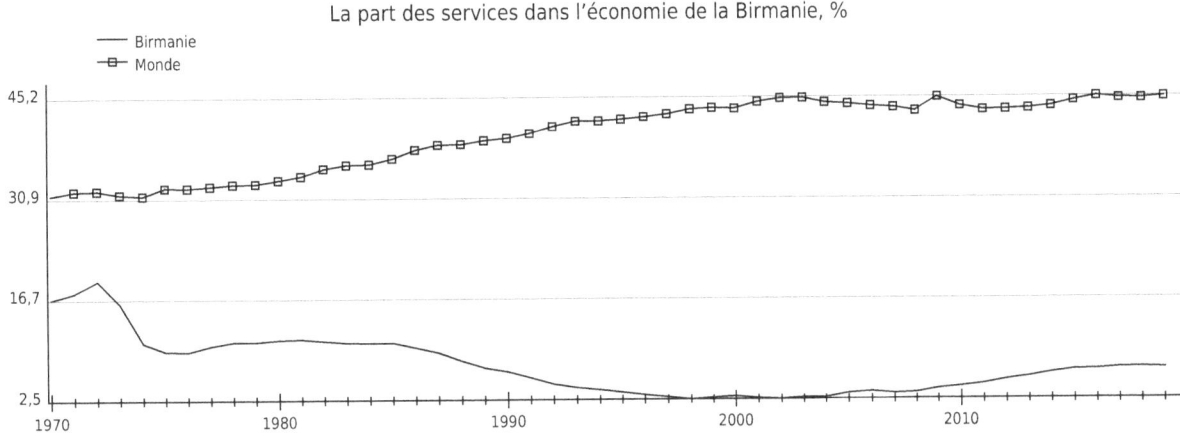

Les années 1970

La valeur ajoutée des services en Birmanie était de 454,1 millions de dollars par an dans les années 1970, au 99ème rang mondial. La part dans le monde était de 0,022% et de 0,16% en Asie.

La part des services dans l'économie de la Birmanie était de 12,1% dans les années 1970, au 175ème rang mondial.

Les services par habitant en Birmanie étaient de 15 dollars dans les années 1970, au 182ème rang mondial, à égalité avec le Laos (15,3 de dollars), le Burundi (15,3 de dollars), le Rwanda (15,3 de dollars). Les services par habitant en Birmanie étaient 33,8 fois inférieures les services par habitant au Monde (506,9 US$), et 8,1 fois inférieures les services par habitant en Asie (121,6 US$).

La croissance des services en Birmanie était de 5.2% dans les années 1970, se situant au 88ème rang mondial, à égalité avec la Dominique (5,2%), les Fidji (5,2%). La croissance des services en Birmanie (5,2%) a été supérieure à celle du monde (4,1%), et inférieure à celle de l'Asie (6,5%).

Comparaison avec les voisins. Le secteur des services en Birmanie était supérieur à celui du Laos (45,6 millions de dollars); mais inférieur à celui de l'Inde (22,5 milliards de dollars), de la Chine (17,8 milliards de dollars), de la Thaïlande (2,8 milliards de dollars) et du Bangladesh (1,4 milliards de dollars). Les services par habitant en Birmanie étaient inférieures à celles de la Thaïlande (66,2 de dollars), de l'Inde (36,4 de dollars), du Bangladesh (20,2 de dollars), de la Chine (19,5 de dollars) et du Laos (15,3 de dollars). La croissance des services en Birmanie était supérieure à celle de l'Inde (4,3%), du Laos (3,0%) et du Bangladesh (1,6%); mais inférieure à celle de la Thaïlande (7,9%) et de la Chine (5,5%).

Comparaison avec les leaders. La valeur des services en Birmanie était inférieure à celle des États-Unis (674,4 milliards de dollars), de l'URSS (168,3 milliards de dollars), du Japon (153,8 milliards de dollars), de l'Allemagne (150,2 milliards de dollars) et de la France (121,8 milliards de dollars). Les services par habitant en Birmanie étaient inférieures à celles des États-Unis (3 090,2 de dollars), de la France (2 271,8 de dollars), de l'Allemagne (1 907,6 de dollars), du Japon (1 381,3 de dollars) et de l'URSS (667,3 de dollars). La croissance des services en Birmanie était supérieure à celle de l'Allemagne (4,8%), de la France (3,9%), des États-Unis (3,3%) et de l'URSS (0,90%); mais inférieure à celle du Japon (5,9%).

Les années 1980

La valeur ajoutée des services en Birmanie était de 607,6 millions de dollars par an dans les années 1980, au 114ème rang mondial à égalité avec le Brunei (611,9 millions de dollars), les Fidji (594,7 millions de dollars). La part dans le monde était de 0,011% et de 0,061% en Asie.

La part des services dans l'économie de la Birmanie était de 9,9% dans les années 1980, au 181ème rang mondial.

Les services par habitant en Birmanie étaient de 16.2 dollars dans les années 1980, se classant au 184ème rang mondial. Les services par habitant en Birmanie étaient 69,0 fois inférieures les services par habitant au Monde (1 115,5 US$), et 21,7 fois inférieures les services par habitant en Asie (351,5 US$).

La croissance des Services en Birmanie était de 4.4% dans les années 1980, se classant au 67ème rang mondial, à égalité avec la Jordanie (4,4%), Saint-Christophe-et-Niévès (4,4%), l'Irak (4,4%). La croissance des services en Birmanie (4,4%) a été supérieure à celle du monde (3,3%), et inférieure à celle de l'Asie (5,3%).

Comparaison avec les voisins. Le secteur des services en Birmanie était supérieur à celui du Laos (134,1 millions de dollars); mais inférieur à celui de l'Inde (51,5 milliards de dollars), de la Chine (47,3 milliards de dollars), de la Thaïlande (9,4 milliards de dollars) et du Bangladesh (4,0 milliards de dollars). Les services par habitant en Birmanie étaient inférieures à celles de la Thaïlande (181,7 de dollars), de l'Inde (66,3 de dollars), du Bangladesh (44,2 de dollars), de la Chine (44,1 de dollars) et du Laos (36,7 de dollars). La croissance des services en Birmanie était inférieure à celle de la Chine (13,7%), du Laos (6,8%), de l'Inde (6,7%), de la Thaïlande (6,1%) et du Bangladesh (5,7%).

Comparaison avec les leaders. La valeur des services en Birmanie était inférieure à celle des États-Unis (1,9 billions de dollars), du Japon (619,9 milliards de dollars), de l'Allemagne (362,2 milliards de dollars), de la France (294,5 milliards de dollars) et du Royaume-Uni (265,4 milliards de dollars). Les services par habitant en Birmanie étaient inférieures à celles des États-Unis (7 844,6 de dollars), de la France (5 211,0 de dollars), du Japon (5 111,4 de dollars), du Royaume-Uni (4 700,6 de dollars) et de l'Allemagne (4 642,6 de dollars). La croissance des services en Birmanie était supérieure à celle du Royaume-Uni (3,3%), de l'Allemagne (3,1%), des États-Unis (2,8%) et de la France (2,3%); mais inférieure à celle du Japon (4,8%).

Les années 1990

La valeur des services en Birmanie était de 300,8 millions de dollars par an dans les années 1990, se classant au 159ème rang mondial à égalité avec le Tchad (293,7 millions de dollars). La part dans le monde était de 0,0026% et de 0,012% en Asie.

La part des services dans l'économie de la Birmanie était de 3,8% dans les années 1990, au 208ème rang mondial.

Les services par habitant en Birmanie étaient de 6.9 dollars dans les années 1990, au 208ème rang mondial. Les services par habitant en Birmanie étaient 292,8 fois inférieures les services par habitant au Monde (2 014,6 US$), et 106,5 fois inférieures les services par habitant en Asie (732,9 US$).

La croissance des services en Birmanie était de 5.5% dans les années 1990, se situant au 37ème rang mondial, à égalité avec Saint-Marin (5,5%), le Yémen (5,5%). La croissance des services en Birmanie (5,5%) a été supérieure à celle du monde (2,7%), et supérieure à celle de l'Asie (4,5%).

Comparaison avec les voisins. Le secteur des services en Birmanie était inférieur à celui de la Chine (138,4 milliards de dollars), de l'Inde (83,4 milliards de dollars), de la Thaïlande (32,7 milliards de dollars), du Bangladesh (9,2 milliards de dollars) et du Laos (347,0 millions de dollars). Les services par habitant en Birmanie étaient inférieures à celles de la Thaïlande (551,4 de dollars), de la Chine (112,3 de dollars), de l'Inde (87,3 de dollars), du Bangladesh (80,5 de dollars) et du Laos (72,7 de dollars). La croissance des services en Birmanie était supérieure à celle de la Thaïlande (5,2%), du Bangladesh (4,2%) et du Laos (0,47%); mais inférieure à celle de la Chine (10,0%) et de l'Inde (7,7%).

Comparaison avec les leaders. La valeur des services en Birmanie était inférieure à celle des États-Unis (3,8 billions de dollars), du Japon (1,6 billions de dollars), de l'Allemagne (908,0 milliards de dollars), de la France (628,2 milliards de dollars) et du Royaume-Uni (592,3 milliards de dollars). Les services par habitant en Birmanie étaient inférieures à celles des États-Unis (14 354,4 de dollars), du Japon (12 820,4 de dollars), de l'Allemagne (11 259,5 de dollars), de la France (10 578,2 de dollars) et du Royaume-Uni (10 233,8 de dollars). La croissance des services en Birmanie était supérieure à celle de l'Allemagne (3,2%), du Royaume-Uni (3,0%), des États-Unis (2,3%), du Japon (1,7%) et de la France (1,6%).

Les années 2000

Les services de la Birmanie étaient de 541,1 millions de dollars par an dans les années 2000, se situant au 165ème rang mondial. La part dans le monde était de 0,0028% et de 0,013% en Asie.

La part des services dans l'économie de la Birmanie était de 3,3% dans les années 2000, se classant au 210ème rang mondial.

Les services par habitant en Birmanie étaient de 11.1 dollars dans les années 2000, se classant au 210ème rang mondial. Les services par habitant en Birmanie étaient 270,8 fois inférieures les services par habitant au Monde (3 011,2 US$), et 96,4 fois inférieures les services par habitant en Asie (1 071,6 US$).

La croissance des services en Birmanie était de 11% dans les années 2000, au 7ème rang mondial, à égalité avec le Cambodge (10,9%). La croissance des services en Birmanie (11,0%) a été supérieure à celle du monde (2,9%), et supérieure à celle de l'Asie (5,5%).

Comparaison avec les voisins. Les services de la Birmanie étaient inférieures à celles de la Chine (686,4 milliards de dollars), de l'Inde

Chapitre IX. Services

(233,2 milliards de dollars), de la Thaïlande (50,7 milliards de dollars), du Bangladesh (18,0 milliards de dollars) et du Laos (695,9 millions de dollars). Les services par habitant en Birmanie étaient inférieures à celles de la Thaïlande (778,4 de dollars), de la Chine (517,4 de dollars), de l'Inde (204,9 de dollars), du Bangladesh (130,6 de dollars) et du Laos (121,6 de dollars). La croissance des services en Birmanie était supérieure à celle de l'Inde (7,1%), du Laos (6,3%), de la Thaïlande (4,6%) et du Bangladesh (4,6%); mais inférieure à celle de la Chine (11,6%).

Comparaison avec les leaders. Les services de la Birmanie étaient inférieures à celles des États-Unis (6,7 billions de dollars), du Japon (2,0 billions de dollars), de l'Allemagne (1,2 billions de dollars), du Royaume-Uni (1,1 billions de dollars) et de la France (997,0 milliards de dollars). Les services par habitant en Birmanie étaient inférieures à celles des États-Unis (22 883,5 de dollars), du Royaume-Uni (18 012,4 de dollars), de la France (15 875,1 de dollars), du Japon (15 302,2 de dollars) et de l'Allemagne (14 979,9 de dollars). La croissance des services en Birmanie était supérieure à celle du Royaume-Uni (2,7%), des États-Unis (2,0%), de la France (1,5%), du Japon (1,2%) et de l'Allemagne (0,57%).

Les années 2010

Le secteur des services en Birmanie était de 3,9 milliards de dollars par an dans les années 2010, se classant au 128ème rang mondial. La part dans le monde était de 0,012% et de 0,042% en Asie.

La part des services dans l'économie de la Birmanie était de 6,1% dans les années 2010, se classant au 211ème rang mondial.

Les services par habitant en Birmanie étaient de 75.2 dollars dans les années 2010, se situant au 207ème rang mondial. Les services par habitant en Birmanie étaient 59,5 fois inférieures les services par habitant au Monde (4 467,8 US$), et 28,4 fois inférieures les services par habitant en Asie (2 137,6 US$).

La croissance des services en Birmanie était de 10.6% dans les années 2010, au 2ème rang mondial. La croissance des services en Birmanie (10,6%) a été supérieure à celle du monde (2,7%), et supérieure à celle de l'Asie (5,4%).

Comparaison avec les voisins. La valeur des services en Birmanie était 18,5% supérieure à celle du Laos (3,3 milliards de dollars); mais 900,7 fois inférieure à celle de la Chine (3,5 billions de dollars), 173,1 fois inférieure à celle de l'Inde (681,5 milliards de dollars), 29,1 fois inférieure à celle de la Thaïlande (114,4 milliards de dollars) et 14,6 fois inférieure à celle du Bangladesh (57,6 milliards de dollars). Les services par habitant en Birmanie étaient 33,7 fois inférieures à celles de la Chine (2 529,2 de dollars), 22,2 fois inférieures à celles de la Thaïlande (1 670,2 de dollars), 7,0 fois inférieures à celles de l'Inde (523,5 de dollars), 6,6 fois inférieures à celles du Laos (495,9 de dollars) et 4,9 fois inférieures à celles du Bangladesh (371,1 de dollars). La croissance des services en Birmanie était supérieure à celle de la Chine (8,4%), de l'Inde (7,8%), du Laos (6,5%), du Bangladesh (5,4%) et de la Thaïlande (3,4%).

Comparaison avec les leaders. La valeur des services en Birmanie était 2 527,9 fois inférieure à celle des États-Unis (10,0 billions de dollars), 900,7 fois inférieure à celle de la Chine (3,5 billions de dollars), 577,3 fois inférieure à celle du Japon (2,3 billions de dollars), 408,2 fois inférieure à celle de l'Allemagne (1,6 billions de dollars) et 344,2 fois inférieure à celle du Royaume-Uni (1,4 billions de dollars). Les services par habitant en Birmanie étaient 414,6 fois inférieures à celles des États-Unis (31 159,6 de dollars), 275,0 fois inférieures à celles du Royaume-Uni (20 663,8 de dollars), 261,3 fois inférieures à celles de l'Allemagne (19 637,7 de dollars), 236,5 fois inférieures à celles du Japon (17 771,8 de dollars) et 33,7 fois inférieures à celles de la Chine (2 529,2 de dollars). La croissance des services en Birmanie était supérieure à celle de la Chine (8,4%), des États-Unis (1,8%), du Royaume-Uni (1,7%), de l'Allemagne (1,2%) et du Japon (0,99%).

Partie III. Relations extérieures

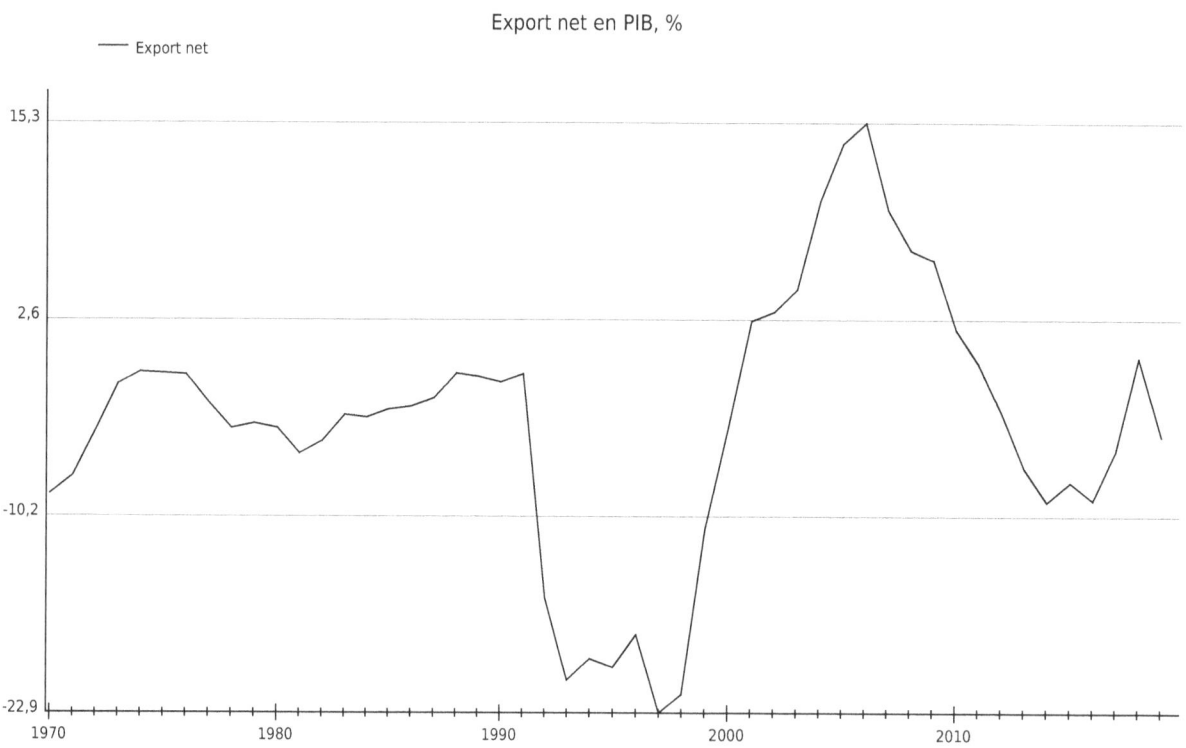

Chapitre X. Exportations

La valeur des exportations en Birmanie est passé de 219,6 millions de dollars par an dans les années 1970 à 14,6 milliards de dollars par an dans les années 2010, c'est-à-dire 14,4 milliards de dollars ou de 66,5 fois. La variation a été de 11,4 milliards de dollars en raison de l'augmentation de 4,6 fois des prix, et de 2,8 milliards de dollars en raison de la croissance du taux par habitant de 8,4 fois, et de 160,0 millions de dollars en raison de la croissance démographique. La croissance annuelle moyenne des exportations était de 6,4%. La valeur minimale était de 92,8 millions de dollars en 1991. La valeur maximale était de 22,4 milliards de dollars en 2018.

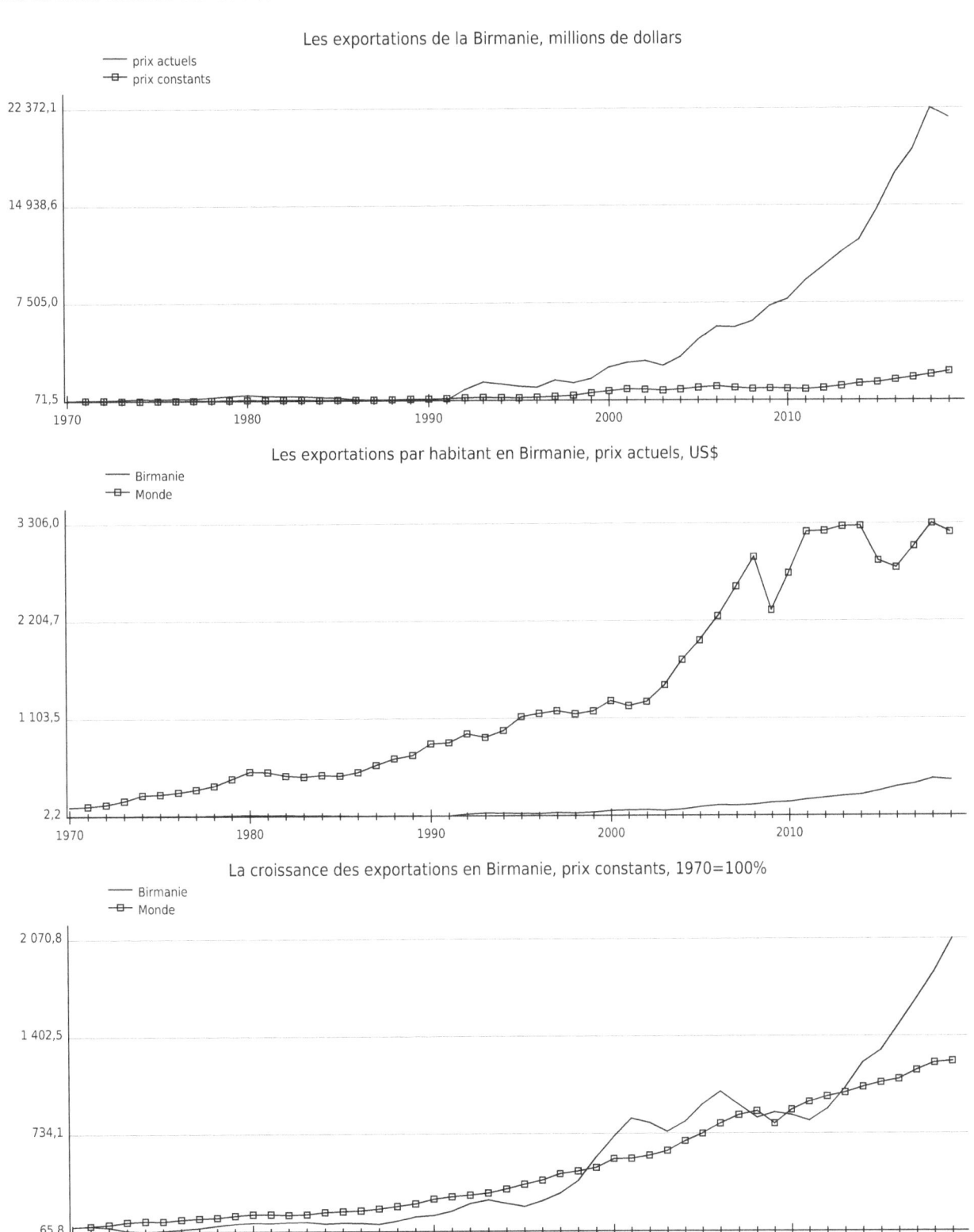

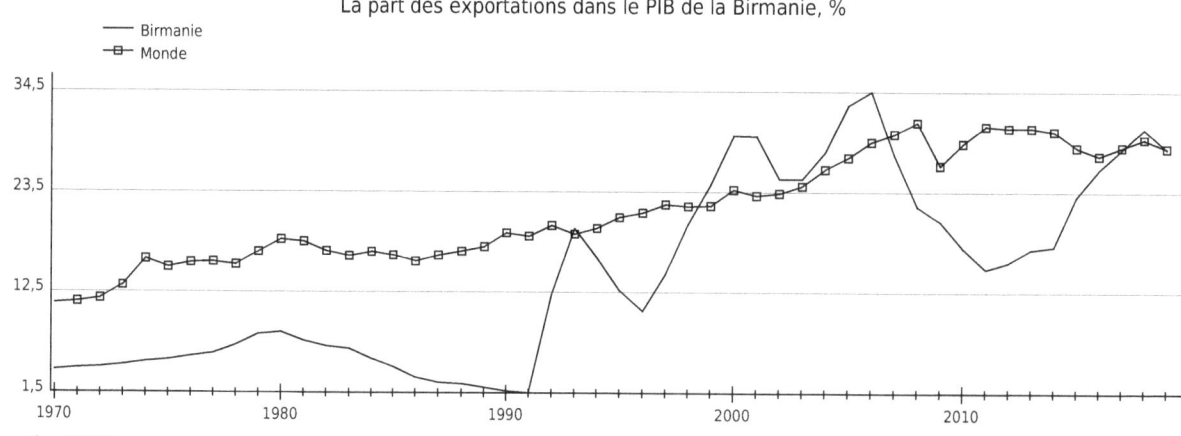

Les années 1970

La valeur des exportations en Birmanie était de 219,6 millions de dollars par an dans les années 1970, se situant au 120ème rang mondial. La part dans le monde était de 0,022% et de 0,10% en Asie.

La part des exportations dans le PIB de la Birmanie était de 5,6% dans les années 1970, au 174ème rang mondial, à égalité avec l'Inde (5,5%).

Les exportations par habitant en Birmanie étaient de 7.2 dollars dans les années 1970, au 180ème rang mondial. Les exportations par habitant en Birmanie étaient 33,4 fois inférieures les exportations par habitant au Monde (242,1 US$), et 12,5 fois inférieures les exportations par habitant en Asie (90,8 US$).

La croissance des exportations en Birmanie était de 2.1% dans les années 1970, au 147ème rang mondial. La croissance des exportations en Birmanie (2,1%) a été inférieure à celle du monde (6,5%), et inférieure à celle de l'Asie (7,9%).

Comparaison avec les voisins. La valeur des exportations en Birmanie était supérieure à celle du Laos (8,8 millions de dollars); mais inférieure à celle de la Chine (7,9 milliards de dollars), de l'Inde (5,5 milliards de dollars), de la Thaïlande (3,0 milliards de dollars) et du Bangladesh (365,2 millions de dollars). Les exportations par habitant en Birmanie étaient supérieures à celles du Bangladesh (5,2 de dollars) et du Laos (2,9 de dollars); mais inférieures à celles de la Thaïlande (71,6 de dollars), de l'Inde (9,0 de dollars) et de la Chine (8,7 de dollars). La croissance des exportations en Birmanie était inférieure à celle de la Chine (15,0%), de la Thaïlande (9,7%), de l'Inde (8,0%), du Bangladesh (3,7%) et du Laos (2,8%).

Comparaison avec les leaders. Les exportations de la Birmanie étaient inférieures à celles des États-Unis (128,0 milliards de dollars), de l'Allemagne (82,9 milliards de dollars), de la France (64,3 milliards de dollars), du Japon (64,1 milliards de dollars) et du Royaume-Uni (61,3 milliards de dollars). Les exportations par habitant en Birmanie étaient inférieures à celles de la France (1 199,1 de dollars), du Royaume-Uni (1 094,1 de dollars), de l'Allemagne (1 052,2 de dollars), des États-Unis (586,5 de dollars) et du Japon (575,8 de dollars). La croissance des exportations en Birmanie était inférieure à celle du Japon (8,6%), de la France (7,8%), des États-Unis (6,8%), de l'Allemagne (5,1%) et du Royaume-Uni (5,0%).

Les années 1980

La valeur des exportations en Birmanie était de 298,0 millions de dollars par an dans les années 1980, se classant au 136ème rang mondial à égalité avec Monaco (298,3 millions de dollars). La part dans le monde était de 0,012% et de 0,046% en Asie.

La part des exportations dans le PIB de la Birmanie était de 4,9% dans les années 1980, se classant au 180ème rang mondial.

Les exportations par habitant en Birmanie étaient de 7.9 dollars dans les années 1980, se classant au 182ème rang mondial. Les exportations par habitant en Birmanie étaient 66,8 fois inférieures les exportations par habitant au Monde (529,9 US$), et 28,9 fois inférieures les exportations par habitant en Asie (229,0 US$).

La croissance des exportations en Birmanie était de 3.3% dans les années 1980, se classant au 104ème rang mondial, à égalité avec le Kenya (3,3%). La croissance des exportations en Birmanie (3,3%) a été inférieure à celle du monde (3,8%), et inférieure à celle de l'Asie (4,1%).

Comparaison avec les voisins. La valeur des exportations en Birmanie était supérieure à celle du Laos (38,4 millions de dollars); mais

Chapitre X. Exportations

inférieure à celle de la Chine (31,8 milliards de dollars), de l'Inde (14,3 milliards de dollars), de la Thaïlande (12,2 milliards de dollars) et du Bangladesh (1,1 milliards de dollars). Les exportations par habitant en Birmanie étaient inférieures à celles de la Thaïlande (237,1 de dollars), de la Chine (29,7 de dollars), de l'Inde (18,5 de dollars), du Bangladesh (12,4 de dollars) et du Laos (10,5 de dollars). La croissance des exportations en Birmanie était inférieure à celle du Laos (17,8%), de la Chine (16,5%), de la Thaïlande (13,2%), du Bangladesh (7,9%) et de l'Inde (4,7%).

Comparaison avec les leaders. La valeur des exportations en Birmanie était inférieure à celle des États-Unis (338,6 milliards de dollars), du Japon (210,6 milliards de dollars), de l'Allemagne (208,1 milliards de dollars), de la France (155,9 milliards de dollars) et du Royaume-Uni (155,0 milliards de dollars). Les exportations par habitant en Birmanie étaient inférieures à celles de la France (2 757,6 de dollars), du Royaume-Uni (2 744,8 de dollars), de l'Allemagne (2 667,0 de dollars), du Japon (1 736,5 de dollars) et des États-Unis (1 413,8 de dollars). La croissance des exportations en Birmanie était supérieure à celle du Royaume-Uni (3,0%); mais inférieure à celle du Japon (6,7%), des États-Unis (5,7%), de l'Allemagne (4,7%) et de la France (4,0%).

Les années 1990

La valeur des exportations en Birmanie était de 1,1 milliards de dollars par an dans les années 1990, au 124ème rang mondial à égalité avec le Tadjikistan (1,1 milliards de dollars). La part dans le monde était de 0,018% et de 0,068% en Asie.

La part des exportations dans le PIB de la Birmanie était de 13,6% dans les années 1990, se classant au 180ème rang mondial, à égalité avec le Pérou (13,5%).

Les exportations par habitant en Birmanie étaient de 24.7 dollars dans les années 1990, se situant au 202ème rang mondial. Les exportations par habitant en Birmanie étaient 41,7 fois inférieures les exportations par habitant au Monde (1 029,5 US$), et 18,5 fois inférieures les exportations par habitant en Asie (456,7 US$).

La croissance des exportations en Birmanie était de 13.1% dans les années 1990, se classant au 17ème rang mondial. La croissance des exportations en Birmanie (13,1%) a été supérieure à celle du monde (6,9%), et supérieure à celle de l'Asie (8,1%).

Comparaison avec les voisins. La valeur des exportations en Birmanie était supérieure à celle du Laos (349,0 millions de dollars); mais inférieure à celle de la Chine (132,9 milliards de dollars), de la Thaïlande (56,1 milliards de dollars), de l'Inde (36,1 milliards de dollars) et du Bangladesh (3,7 milliards de dollars). Les exportations par habitant en Birmanie étaient inférieures à celles de la Thaïlande (946,0 de dollars), de la Chine (107,8 de dollars), du Laos (73,2 de dollars), de l'Inde (37,8 de dollars) et du Bangladesh (32,5 de dollars). La croissance des exportations en Birmanie était supérieure à celle du Bangladesh (12,6%), de l'Inde (11,7%) et de la Thaïlande (10,9%); mais inférieure à celle du Laos (18,4%) et de la Chine (17,5%).

Comparaison avec les leaders. Les exportations de la Birmanie étaient inférieures à celles des États-Unis (773,6 milliards de dollars), de l'Allemagne (509,0 milliards de dollars), du Japon (418,7 milliards de dollars), de la France (329,8 milliards de dollars) et du Royaume-Uni (324,3 milliards de dollars). Les exportations par habitant en Birmanie étaient inférieures à celles de l'Allemagne (6 311,2 de dollars), du Royaume-Uni (5 602,2 de dollars), de la France (5 553,9 de dollars), du Japon (3 320,8 de dollars) et des États-Unis (2 925,3 de dollars). La croissance des exportations en Birmanie était supérieure à celle des États-Unis (7,2%), de la France (6,5%), de l'Allemagne (6,0%), du Royaume-Uni (5,7%) et du Japon (4,2%).

Les années 2000

Les exportations de la Birmanie étaient de 4,4 milliards de dollars par an dans les années 2000, se classant au 109ème rang mondial à égalité avec le Ghana (4,4 milliards de dollars), le Cameroun (4,5 milliards de dollars). La part dans le monde était de 0,035% et de 0,11% en Asie.

La structure des exportations: produits primaires (56,5%), articles manufacturés provenant de ressources naturelles (22,8%), articles manufacturés à faible technologie (18,2%), articles manufacturés de technologie moyenne (1,0%).

La Birmanie a exporté des marchandises vers la Thaïlande (37,9%), l'Inde (13,9%), la Chine (6,7%), Hong Kong (5,1%), le Japon (4,7%) et d'autres pays (31,7%).

La part des exportations dans le PIB de la Birmanie était de 26,1% dans les années 2000, se classant au 146ème rang mondial, à égalité avec l'Uruguay (26,1%), la république démocratique du Congo (26,1%), l'Europe du Sud (26,0%).

Les exportations par habitant en Birmanie étaient de 90.4 dollars dans les années 2000, se classant au 190ème rang mondial. Les exportations par habitant en Birmanie étaient 21,4 fois inférieures les exportations par habitant au Monde (1 933,7 US$), et 11,2 fois inférieures les exportations par habitant en Asie (1 011,8 US$).

La croissance des exportations en Birmanie était de 4.4% dans les années 2000, se classant au 103ème rang mondial, à égalité avec d'Israël (4,3%), l'Eswatini (4,3%), le Chili (4,4%). La croissance des exportations en Birmanie (4,4%) a été inférieure à celle du monde (4,8%), et inférieure à celle de l'Asie (7,5%).

Comparaison avec les voisins. Les exportations de la Birmanie étaient supérieures à celles du Laos (961,2 millions de dollars); mais inférieures à celles de la Chine (780,2 milliards de dollars), de l'Inde (159,3 milliards de dollars), de la Thaïlande (130,0 milliards de dollars) et du Bangladesh (10,4 milliards de dollars). Les exportations par habitant en Birmanie étaient supérieures à celles du Bangladesh (75,6 de dollars); mais inférieures à celles de la Thaïlande (1 996,7 de dollars), de la Chine (588,1 de dollars), du Laos (168,0 de dollars) et de l'Inde (140,0 de dollars). La croissance des exportations en Birmanie était supérieure à celle du Laos (2,8%); mais inférieure à celle de l'Inde (13,8%), de la Chine (12,7%), du Bangladesh (10,1%) et de la Thaïlande (6,4%).

Comparaison avec les leaders. La valeur des exportations en Birmanie était inférieure à celle des États-Unis (1,3 billions de dollars), de l'Allemagne (1,0 billions de dollars), de la Chine (780,2 milliards de dollars), du Japon (626,3 milliards de dollars) et du Royaume-Uni (591,1 milliards de dollars). Les exportations par habitant en Birmanie étaient inférieures à celles de l'Allemagne (12 836,9 de dollars), du Royaume-Uni (9 780,7 de dollars), du Japon (4 886,4 de dollars), des États-Unis (4 488,4 de dollars) et de la Chine (588,1 de dollars). La croissance des exportations en Birmanie était supérieure à celle du Japon (3,5%), des États-Unis (3,3%) et du Royaume-Uni (2,8%); mais inférieure à celle de la Chine (12,7%) et de l'Allemagne (5,0%).

Les années 2010

La valeur des exportations en Birmanie était de 14,6 milliards de dollars par an dans les années 2010, se situant au 89ème rang mondial à égalité avec la Jordanie (14,4 milliards de dollars). La part dans le monde était de 0,064% et de 0,17% en Asie.

La structure des exportations: produits primaires (59,1%), articles manufacturés provenant de ressources naturelles (17,2%), articles manufacturés à faible technologie (14,7%), articles manufacturés de technologie moyenne (2,9%).

La Birmanie a exporté des marchandises vers la Chine (30,4%), la Thaïlande (27,9%), l'Inde (9,4%), le Japon (5,5%), Singapour (4,9%) et d'autres pays (21,8%).

La part des exportations dans le PIB de la Birmanie était de 22,3% dans les années 2010, se classant au 162ème rang mondial, à égalité avec le Cameroun (22,2%), l'Australasie (22,2%), l'Iran (22,3%).

Les exportations par habitant en Birmanie étaient de 278.9 dollars dans les années 2010, au 175ème rang mondial, à égalité avec le Bénin (276,8 de dollars). Les exportations par habitant en Birmanie étaient 11,1 fois inférieures les exportations par habitant au Monde (3 098,9 US$), et 7,0 fois inférieures les exportations par habitant en Asie (1 964,3 US$).

La croissance des exportations en Birmanie était de 9% dans les années 2010, se classant au 29ème rang mondial. La croissance des exportations en Birmanie (9,0%) a été supérieure à celle du monde (4,4%), et supérieure à celle de l'Asie (5,3%).

Comparaison avec les voisins. Les exportations de la Birmanie étaient 3,0 fois supérieures à celles du Laos (4,8 milliards de dollars); mais 156,9 fois inférieures à celles de la Chine (2,3 billions de dollars), 32,0 fois inférieures à celles de l'Inde (467,2 milliards de dollars), 19,7 fois inférieures à celles de la Thaïlande (287,5 milliards de dollars) et 2,2 fois inférieures à celles du Bangladesh (32,5 milliards de dollars). Les exportations par habitant en Birmanie étaient 33,3% supérieures à celles du Bangladesh (209,1 de dollars); mais 15,0 fois inférieures à celles de la Thaïlande (4 196,0 de dollars), 5,9 fois inférieures à celles de la Chine (1 635,3 de dollars), 2,6 fois inférieures à celles du Laos (722,1 de dollars) et 22,3% inférieures à celles de l'Inde (358,9 de dollars). La croissance des exportations en Birmanie était supérieure à celle de la Chine (6,8%), du Bangladesh (6,1%), de l'Inde (5,8%) et de la Thaïlande (4,2%); mais inférieure à celle du Laos (11,8%).

Comparaison avec les leaders. Les exportations de la Birmanie étaient 156,9 fois inférieures à celles de la Chine (2,3 billions de dollars), 155,3 fois inférieures à celles des États-Unis (2,3 billions de dollars), 115,2 fois inférieures à celles de l'Allemagne (1,7 billions de dollars), 58,8 fois inférieures à celles du Japon (859,4 milliards de dollars) et 55,8 fois inférieures à celles du Royaume-Uni (815,1 milliards de dollars). Les exportations par habitant en Birmanie étaient 73,7 fois inférieures à celles de l'Allemagne (20 563,4 de dollars), 44,6 fois inférieures à celles du Royaume-Uni (12 425,4 de dollars), 25,5 fois inférieures à celles des États-Unis (7 104,2 de dollars), 24,1 fois inférieures à celles du Japon (6 718,2 de dollars) et 5,9 fois inférieures à celles de la Chine (1 635,3 de dollars). La croissance des exportations en Birmanie était supérieure à celle de la Chine (6,8%), de l'Allemagne (4,7%), du Japon (4,6%), des

États-Unis (3,7%) et du Royaume-Uni (3,1%).

Chapitre XI. Importations

La valeur des importations en Birmanie est passé de 353,3 millions de dollars par an dans les années 1970 à 17,8 milliards de dollars par an dans les années 2010, c'est-à-dire 17,4 milliards de dollars ou de 50,3 fois. La variation a été de 15,7 milliards de dollars en raison de l'augmentation de 8,7 fois des prix, et de 1,4 milliards de dollars en raison de la croissance du taux par habitant de 3,4 fois, et de 257,4 millions de dollars en raison de la croissance démographique. La croissance annuelle moyenne des importations était de 3,6%. La valeur minimale était de 152,4 millions de dollars en 1991. La valeur maximale était de 25,5 milliards de dollars en 2019.

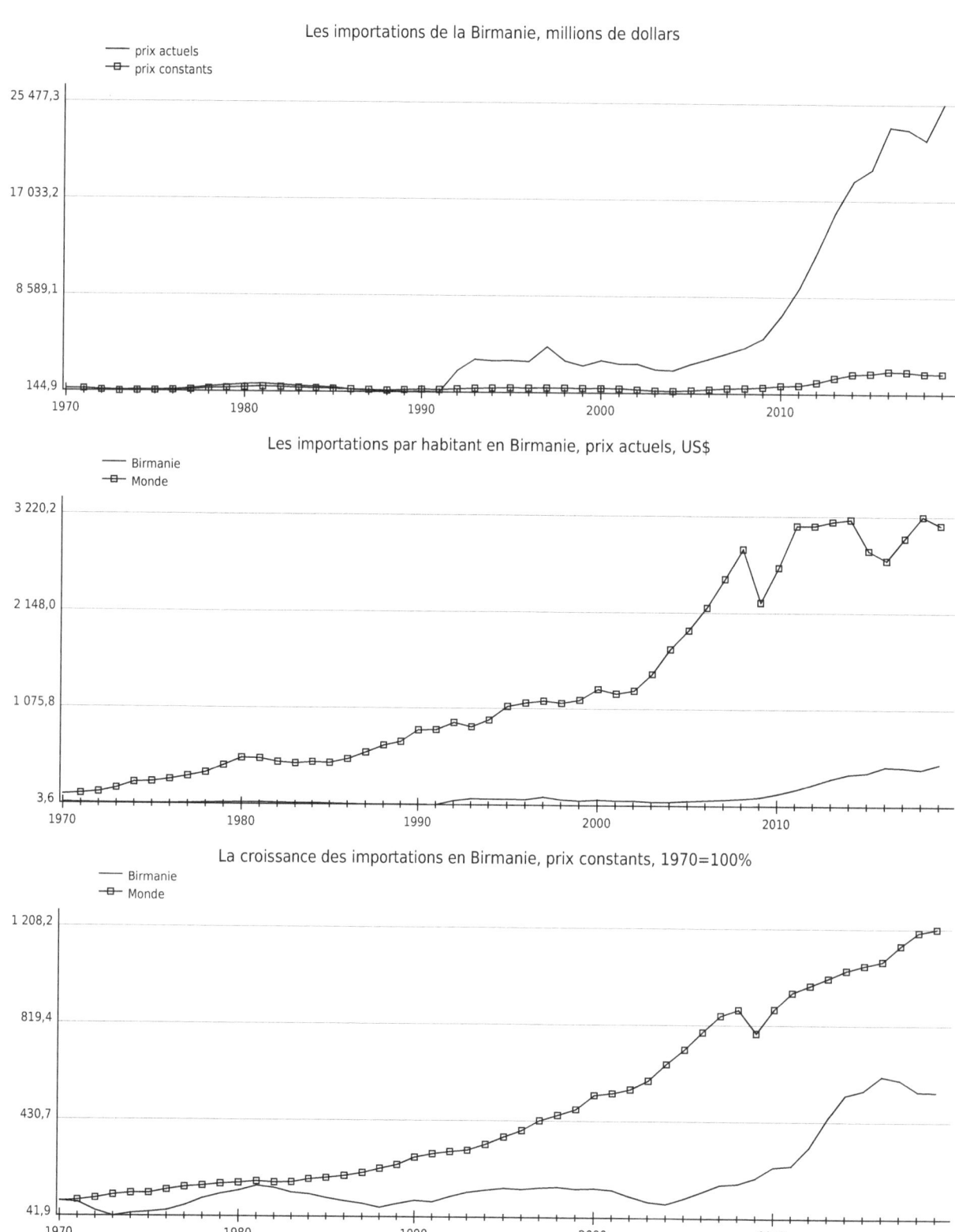

Chapitre XI. Importations

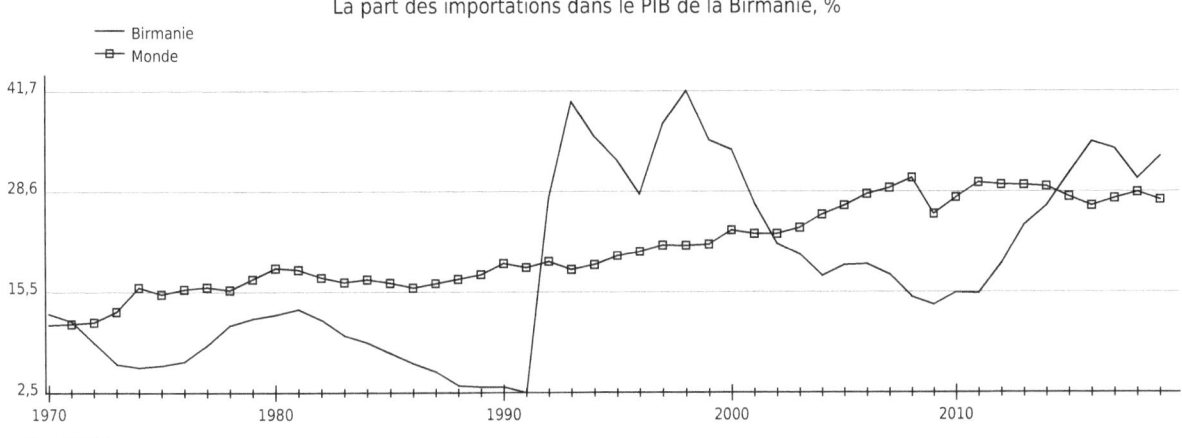

La part des importations dans le PIB de la Birmanie, %

Les années 1970

La valeur des importations en Birmanie était de 353,3 millions de dollars par an dans les années 1970, se classant au 111ème rang mondial à égalité avec Madagascar (352,4 millions de dollars), le Liberia (354,8 millions de dollars), la Polynésie (361,3 millions de dollars). La part dans le monde était de 0,036% et de 0,19% en Asie.

La part des importations dans le PIB de la Birmanie était de 8,9% dans les années 1970, au 175ème rang mondial.

Les importations par habitant en Birmanie étaient de 11.7 dollars dans les années 1970, se classant au 180ème rang mondial. Les importations par habitant en Birmanie étaient 21,0 fois inférieures les importations par habitant au Monde (244,3 US$), et 6,8 fois inférieures les importations par habitant en Asie (79,6 US$).

La croissance des importations en Birmanie était de 3.2% dans les années 1970, se situant au 144ème rang mondial, à égalité avec la Namibie (3,2%). La croissance des importations en Birmanie (3,2%) a été inférieure à celle du monde (6,3%), et inférieure à celle de l'Asie (9,6%).

Comparaison avec les voisins. La valeur des importations en Birmanie était supérieure à celle du Laos (20,2 millions de dollars); mais inférieure à celle de la Chine (7,8 milliards de dollars), de l'Inde (6,0 milliards de dollars), de la Thaïlande (3,6 milliards de dollars) et du Bangladesh (871,6 millions de dollars). Les importations par habitant en Birmanie étaient supérieures à celles de l'Inde (9,7 de dollars), de la Chine (8,6 de dollars) et du Laos (6,8 de dollars); mais inférieures à celles de la Thaïlande (86,7 de dollars) et du Bangladesh (12,4 de dollars). La croissance des importations en Birmanie était supérieure à celle du Laos (2,8%) et du Bangladesh (-12,8%); mais inférieure à celle de la Chine (16,5%), de la Thaïlande (7,1%) et de l'Inde (6,2%).

Comparaison avec les leaders. Les importations de la Birmanie étaient inférieures à celles des États-Unis (133,2 milliards de dollars), de l'Allemagne (92,5 milliards de dollars), de la France (63,3 milliards de dollars), du Royaume-Uni (62,4 milliards de dollars) et du Japon (61,0 milliards de dollars). Les importations par habitant en Birmanie étaient inférieures à celles de la France (1 181,1 de dollars), de l'Allemagne (1 175,1 de dollars), du Royaume-Uni (1 113,2 de dollars), des États-Unis (610,4 de dollars) et du Japon (547,6 de dollars). La croissance des importations en Birmanie était inférieure à celle de la France (7,2%), du Japon (7,0%), de l'Allemagne (5,6%), des États-Unis (5,1%) et du Royaume-Uni (4,5%).

Les années 1980

Les importations de la Birmanie étaient de 509,0 millions de dollars par an dans les années 1980, au 129ème rang mondial à égalité avec Madagascar (506,2 millions de dollars), la Gambie (505,6 millions de dollars), le Bénin (521,0 millions de dollars). La part dans le monde était de 0,020% et de 0,085% en Asie.

La part des importations dans le PIB de la Birmanie était de 8,4% dans les années 1980, se classant au 178ème rang mondial.

Les importations par habitant en Birmanie étaient de 13.5 dollars dans les années 1980, se situant au 183ème rang mondial. Les importations par habitant en Birmanie étaient 39,8 fois inférieures les importations par habitant au Monde (539,1 US$), et 15,6 fois inférieures les importations par habitant en Asie (211,9 US$).

La croissance des importations en Birmanie était de -3.2% dans les années 1980, se situant au 168ème rang mondial, à égalité avec le Guatemala (-3,3%), la Zambie (-3,2%). La croissance des importations en Birmanie (-3,2%) a été inférieure à celle du monde (3,8%), et inférieure à celle de l'Asie (4,9%).

Comparaison avec les voisins. Les importations de la Birmanie étaient supérieures à celles du Laos (92,0 millions de dollars); mais inférieures à celles de la Chine (34,0 milliards de dollars), de l'Inde (18,8 milliards de dollars), de la Thaïlande (13,5 milliards de dollars) et du Bangladesh (2,8 milliards de dollars). Les importations par habitant en Birmanie étaient inférieures à celles de la Thaïlande (262,0 de dollars), de la Chine (31,7 de dollars), du Bangladesh (30,9 de dollars), du Laos (25,1 de dollars) et de l'Inde (24,3 de dollars). La croissance des importations en Birmanie était inférieure à celle du Laos (19,4%), de la Chine (10,5%), de la Thaïlande (9,2%), du Bangladesh (7,6%) et de l'Inde (7,1%).

Comparaison avec les leaders. La valeur des importations en Birmanie était inférieure à celle des États-Unis (417,2 milliards de dollars), de l'Allemagne (225,6 milliards de dollars), du Japon (175,9 milliards de dollars), de la France (162,0 milliards de dollars) et du Royaume-Uni (157,7 milliards de dollars). Les importations par habitant en Birmanie étaient inférieures à celles de l'Allemagne (2 891,9 de dollars), de la France (2 867,2 de dollars), du Royaume-Uni (2 793,0 de dollars), des États-Unis (1 742,4 de dollars) et du Japon (1 450,4 de dollars). La croissance des importations en Birmanie était inférieure à celle des États-Unis (5,8%), du Royaume-Uni (5,1%), du Japon (4,6%), de la France (4,3%) et de l'Allemagne (3,3%).

Les années 1990

Les importations de la Birmanie étaient de 2,4 milliards de dollars par an dans les années 1990, se classant au 109ème rang mondial à égalité avec la république démocratique du Congo (2,4 milliards de dollars), l'Azerbaïdjan (2,4 milliards de dollars). La part dans le monde était de 0,041% et de 0,16% en Asie.

La part des importations dans le PIB de la Birmanie était de 29,8% dans les années 1990, se classant au 140ème rang mondial, à égalité avec la Côte d'Ivoire (29,8%), le Mali (29,9%), l'Asie de l'Ouest (30,0%).

Les importations par habitant en Birmanie étaient de 54 dollars dans les années 1990, au 200ème rang mondial. Les importations par habitant en Birmanie étaient 18,8 fois inférieures les importations par habitant au Monde (1 015,5 US$), et 8,0 fois inférieures les importations par habitant en Asie (430,1 US$).

La croissance des importations en Birmanie était de 5.2% dans les années 1990, au 88ème rang mondial, à égalité avec la France (5,1%). La croissance des importations en Birmanie (5,2%) a été inférieure à celle du monde (6,6%), et inférieure à celle de l'Asie (6,8%).

Comparaison avec les voisins. Les importations de la Birmanie étaient supérieures à celles du Laos (545,1 millions de dollars); mais inférieures à celles de la Chine (115,9 milliards de dollars), de la Thaïlande (57,9 milliards de dollars), de l'Inde (39,9 milliards de dollars) et du Bangladesh (5,8 milliards de dollars). Les importations par habitant en Birmanie étaient supérieures à celles du Bangladesh (50,9 de dollars) et de l'Inde (41,8 de dollars); mais inférieures à celles de la Thaïlande (976,3 de dollars), du Laos (114,3 de dollars) et de la Chine (94,0 de dollars). La croissance des importations en Birmanie était inférieure à celle de la Chine (16,0%), de l'Inde (12,9%), du Laos (9,7%), de la Thaïlande (6,8%) et du Bangladesh (6,6%).

Comparaison avec les leaders. Les importations de la Birmanie étaient inférieures à celles des États-Unis (874,1 milliards de dollars), de l'Allemagne (501,6 milliards de dollars), du Japon (355,9 milliards de dollars), du Royaume-Uni (330,2 milliards de dollars) et de la France (308,5 milliards de dollars). Les importations par habitant en Birmanie étaient inférieures à celles de l'Allemagne (6 220,3 de dollars), du Royaume-Uni (5 705,3 de dollars), de la France (5 194,4 de dollars), des États-Unis (3 305,6 de dollars) et du Japon (2 822,9 de dollars). La croissance des importations en Birmanie était supérieure à celle de la France (5,1%), du Royaume-Uni (5,1%) et du Japon (3,3%); mais inférieure à celle des États-Unis (8,3%) et de l'Allemagne (6,4%).

Les années 2000

La valeur des importations en Birmanie était de 3,1 milliards de dollars par an dans les années 2000, se classant au 129ème rang mondial. La part dans le monde était de 0,025% et de 0,088% en Asie.

La structure des importations: produits primaires (7,9%), articles manufacturés provenant de ressources naturelles (28,1%), articles manufacturés à faible technologie (18,5%), articles manufacturés de technologie moyenne (34,2%), articles manufacturés à haute technologie (9,5%).

La Birmanie a importé des marchandises en provenance la Chine (28,8%), Singapour (21,1%), la Thaïlande (18,6%), la Corée du Sud (5,4%), la Malaisie (5,2%) et d'autres pays (20,9%).

La part des importations dans le PIB de la Birmanie était de 18,5% dans les années 2000, se classant au 201ème rang mondial.

Chapitre XI. Importations

Les importations par habitant en Birmanie étaient de 64.3 dollars dans les années 2000, se classant au 206ème rang mondial. Les importations par habitant en Birmanie étaient 29,6 fois inférieures les importations par habitant au Monde (1 899,9 US$), et 14,0 fois inférieures les importations par habitant en Asie (898,2 US$).

La croissance des importations en Birmanie était de 2.6% dans les années 2000, se situant au 161ème rang mondial. La croissance des importations en Birmanie (2,6%) a été inférieure à celle du monde (5,1%), et inférieure à celle de l'Asie (7,8%).

Comparaison avec les voisins. La valeur des importations en Birmanie était supérieure à celle du Laos (1,4 milliards de dollars); mais inférieure à celle de la Chine (641,1 milliards de dollars), de l'Inde (186,2 milliards de dollars), de la Thaïlande (119,6 milliards de dollars) et du Bangladesh (14,3 milliards de dollars). Les importations par habitant en Birmanie étaient inférieures à celles de la Thaïlande (1 836,8 de dollars), de la Chine (483,3 de dollars), du Laos (238,9 de dollars), de l'Inde (163,6 de dollars) et du Bangladesh (103,9 de dollars). La croissance des importations en Birmanie était inférieure à celle de la Chine (15,1%), de l'Inde (13,5%), du Laos (9,9%), du Bangladesh (7,4%) et de la Thaïlande (7,2%).

Comparaison avec les leaders. La valeur des importations en Birmanie était inférieure à celle des États-Unis (1,9 billions de dollars), de l'Allemagne (914,7 milliards de dollars), du Royaume-Uni (641,8 milliards de dollars), de la Chine (641,1 milliards de dollars) et du Japon (566,4 milliards de dollars). Les importations par habitant en Birmanie étaient inférieures à celles de l'Allemagne (11 237,8 de dollars), du Royaume-Uni (10 620,4 de dollars), des États-Unis (6 400,9 de dollars), du Japon (4 418,9 de dollars) et de la Chine (483,3 de dollars). La croissance des importations en Birmanie était supérieure à celle du Japon (1,8%); mais inférieure à celle de la Chine (15,1%), de l'Allemagne (3,7%), du Royaume-Uni (3,1%) et des États-Unis (2,8%).

Les années 2010

Les importations de la Birmanie étaient de 17,8 milliards de dollars par an dans les années 2010, se classant au 86ème rang mondial à égalité avec le Kenya (18,0 milliards de dollars), le Costa Rica (17,5 milliards de dollars). La part dans le monde était de 0,080% et de 0,22% en Asie.

La structure des importations: produits primaires (4,4%), articles manufacturés provenant de ressources naturelles (30,7%), articles manufacturés à faible technologie (13,6%), articles manufacturés de technologie moyenne (39,2%), articles manufacturés à haute technologie (8,2%).

La Birmanie a importé des marchandises en provenance la Chine (37,5%), la Thaïlande (18,3%), Singapour (14,1%), le Japon (4,4%), l'Inde (4,0%) et d'autres pays (21,8%).

La part des importations dans le PIB de la Birmanie était de 27,1% dans les années 2010, se situant au 182ème rang mondial, à égalité avec le Cameroun (27,0%), l'Italie (27,3%), le Kazakhstan (26,9%).

Les importations par habitant en Birmanie étaient de 339.4 dollars dans les années 2010, se classant au 185ème rang mondial. Les importations par habitant en Birmanie étaient 8,9 fois inférieures les importations par habitant au Monde (3 015,6 US$), et 5,3 fois inférieures les importations par habitant en Asie (1 813,7 US$).

La croissance des importations en Birmanie était de 10.5% dans les années 2010, se situant au 14ème rang mondial, à égalité avec les Maldives (10,5%), la république démocratique du Congo (10,6%). La croissance des importations en Birmanie (10,5%) a été supérieure à celle du monde (4,4%), et supérieure à celle de l'Asie (5,4%).

Comparaison avec les voisins. La valeur des importations en Birmanie était 2,7 fois supérieure à celle du Laos (6,6 milliards de dollars); mais 116,3 fois inférieure à celle de la Chine (2,1 billions de dollars), 30,7 fois inférieure à celle de l'Inde (546,0 milliards de dollars), 14,2 fois inférieure à celle de la Thaïlande (252,4 milliards de dollars) et 2,6 fois inférieure à celle du Bangladesh (45,5 milliards de dollars). Les importations par habitant en Birmanie étaient 16,0% supérieures à celles du Bangladesh (292,7 de dollars); mais 10,9 fois inférieures à celles de la Thaïlande (3 685,0 de dollars), 4,3 fois inférieures à celles de la Chine (1 475,4 de dollars), 2,9 fois inférieures à celles du Laos (992,0 de dollars) et 19,1% inférieures à celles de l'Inde (419,4 de dollars). La croissance des importations en Birmanie était supérieure à celle du Laos (9,3%), de la Chine (8,2%), du Bangladesh (6,1%), de l'Inde (4,6%) et de la Thaïlande (4,4%).

Comparaison avec les leaders. Les importations de la Birmanie étaient 158,4 fois inférieures à celles des États-Unis (2,8 billions de dollars), 116,3 fois inférieures à celles de la Chine (2,1 billions de dollars), 81,8 fois inférieures à celles de l'Allemagne (1,5 billions de dollars), 49,4 fois inférieures à celles du Japon (877,9 milliards de dollars) et 48,1 fois inférieures à celles du Royaume-Uni (854,8 milliards de dollars). Les importations par habitant en Birmanie étaient 52,4 fois inférieures à celles de l'Allemagne (17 771,2 de dollars), 38,4 fois inférieures à celles du Royaume-Uni (13 030,6 de dollars), 26,0 fois inférieures à celles des États-Unis (8 817,8 de dollars), 20,2 fois inférieures à celles du Japon (6 862,7 de dollars) et 4,3 fois inférieures à celles de la Chine (1 475,4 de dollars). La croissance des importations en Birmanie était supérieure à celle de la Chine (8,2%), de l'Allemagne (4,8%), des États-Unis (4,4%), du Japon (3,8%) et du Royaume-Uni (3,6%).

Partie IV. Consommation

Chapitre XII. Dépenses publiques

Dépenses de consommation des administrations publiques

Les dépenses publiques de la Birmanie sont passés de 498,8 millions de dollars par an dans les années 1970 à 9,5 milliards de dollars par an dans les années 2010, c'est-à-dire 9,0 milliards de dollars ou de 19,0 fois. La variation a été de 5,6 milliards de dollars en raison de l'augmentation de 2,4 fois des prix, et de 3,0 milliards de dollars en raison de la croissance du taux par habitant de 4,5 fois, et de 363,3 millions de dollars en raison de la croissance démographique. La croissance annuelle moyenne des dépenses publiques était de 4,9%. La valeur minimale était de 364,4 millions de dollars en 1970. La valeur maximale était de 13,9 milliards de dollars en 2019.

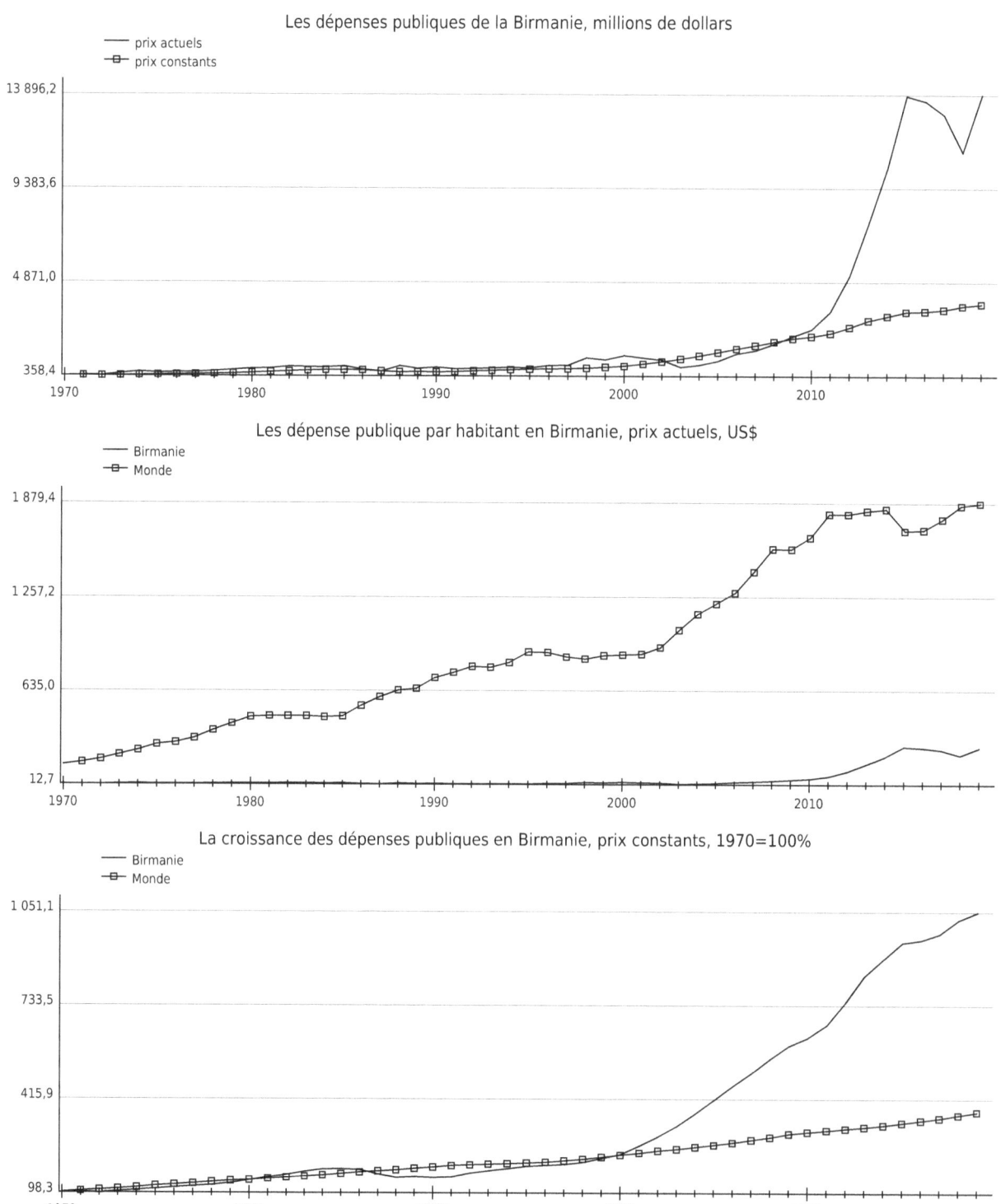

Chapitre XII. Dépenses publiques

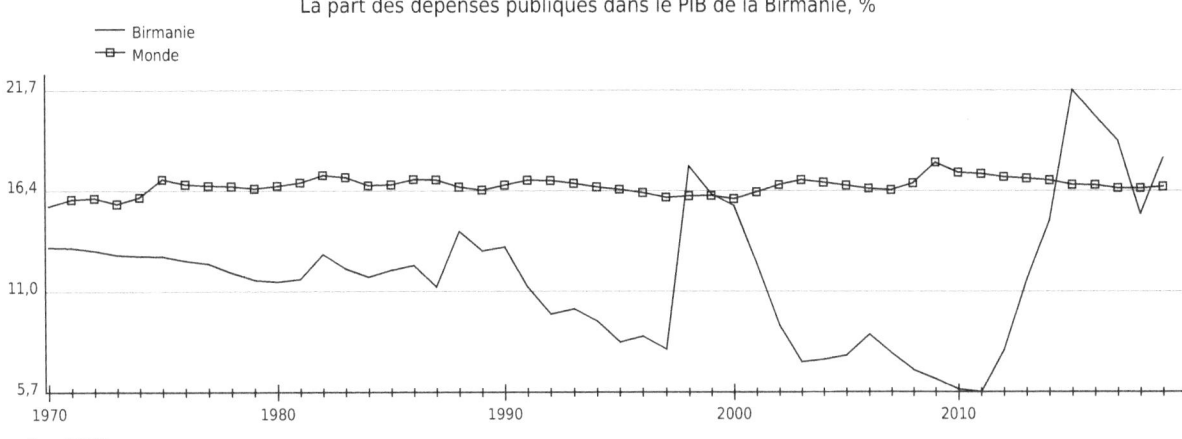

Les années 1970

Les dépense de consommation publique de la Birmanie étaient de 498,8 millions de dollars par an dans les années 1970, au 77ème rang mondial à égalité avec le Qatar (502,7 millions de dollars), l'Éthiopie (507,3 millions de dollars). La part dans le monde était de 0,047% et de 0,31% en Asie.

La part des dépenses publiques dans le PIB de la Birmanie était de 12,6% dans les années 1970, se classant au 124ème rang mondial, à égalité avec l'Uruguay (12,6%), le Costa Rica (12,7%).

Les dépense de consommation publique par habitant en Birmanie étaient de 16.5 dollars dans les années 1970, se classant au 172ème rang mondial, à égalité avec d'Haïti (16,2 de dollars). Les dépense publique par habitant en Birmanie étaient 16,1 fois inférieures les dépense publique par habitant au Monde (265,2 US$), et 4,2 fois inférieures les dépenses publiques par habitant en Asie (68,9 US$).

La croissance des dépenses publiques en Birmanie était de 3.1% dans les années 1970, se classant au 147ème rang mondial. La croissance des dépenses publiques en Birmanie (3,1%) a été inférieure à celle du monde (3,7%), et inférieure à celle de l'Asie (6,9%).

Comparaison avec les voisins. Les dépense de consommation publique de la Birmanie étaient supérieures à celles du Bangladesh (268,8 millions de dollars) et du Laos (15,8 millions de dollars); mais inférieures à celles de la Chine (19,4 milliards de dollars), de l'Inde (9,3 milliards de dollars) et de la Thaïlande (1,8 milliards de dollars). Les dépenses publiques par habitant en Birmanie étaient supérieures à celles de l'Inde (15,1 de dollars), du Laos (5,3 de dollars) et du Bangladesh (3,8 de dollars); mais inférieures à celles de la Thaïlande (43,3 de dollars) et de la Chine (21,2 de dollars). La croissance des dépenses publiques en Birmanie était supérieure à celle du Laos (2,8%); mais inférieure à celle du Bangladesh (18,5%), de la Thaïlande (9,5%), de la Chine (9,3%) et de l'Inde (4,5%).

Comparaison avec les leaders. Les dépense publique de la Birmanie étaient inférieures à celles des États-Unis (285,9 milliards de dollars), de l'URSS (117,3 milliards de dollars), de l'Allemagne (95,6 milliards de dollars), du Japon (78,0 milliards de dollars) et de la France (64,5 milliards de dollars). Les dépense de consommation publique par habitant en Birmanie étaient inférieures à celles des États-Unis (1 310,2 de dollars), de l'Allemagne (1 213,7 de dollars), de la France (1 202,3 de dollars), du Japon (700,2 de dollars) et de l'URSS (465,0 de dollars). La croissance des dépenses publiques en Birmanie était supérieure à celle des États-Unis (0,94%); mais inférieure à celle de l'URSS (7,2%), du Japon (5,3%), de la France (5,0%) et de l'Allemagne (4,4%).

Les années 1980

Les dépenses publiques de la Birmanie étaient de 746,3 millions de dollars par an dans les années 1980, se classant au 89ème rang mondial à égalité avec l'Islande (735,5 millions de dollars), le Nicaragua (760,8 millions de dollars). La part dans le monde était de 0,029% et de 0,15% en Asie.

La part des dépenses publiques dans le PIB de la Birmanie était de 12,3% dans les années 1980, se situant au 136ème rang mondial.

Les dépense publique par habitant en Birmanie étaient de 19.9 dollars dans les années 1980, au 176ème rang mondial. Les dépense publique par habitant en Birmanie étaient 26,3 fois inférieures les dépense publique par habitant au Monde (523,5 US$), et 8,6 fois inférieures les dépense publique par habitant en Asie (170,1 US$).

La croissance des dépenses publiques en Birmanie était de 1.5% dans les années 1980, se situant au 134ème rang mondial, à égalité avec la Suède (1,5%). La croissance des dépenses publiques en Birmanie (1,5%) a été inférieure à celle du monde (2,7%), et inférieure à celle de l'Asie (4,2%).

Comparaison avec les voisins. Les dépenses publiques de la Birmanie étaient supérieures à celles du Laos (48,8 millions de dollars); mais inférieures à celles de la Chine (44,6 milliards de dollars), de l'Inde (26,2 milliards de dollars), de la Thaïlande (5,9 milliards de dollars) et du Bangladesh (803,4 millions de dollars). Les dépenses publiques par habitant en Birmanie étaient supérieures à celles du Laos (13,3 de dollars) et du Bangladesh (8,9 de dollars); mais inférieures à celles de la Thaïlande (114,5 de dollars), de la Chine (41,6 de dollars) et de l'Inde (33,8 de dollars). La croissance des dépenses publiques en Birmanie était inférieure à celle de la Chine (8,2%), de l'Inde (6,9%), du Laos (6,1%), de la Thaïlande (4,5%) et du Bangladesh (3,1%).

Comparaison avec les leaders. Les dépenses publiques de la Birmanie étaient inférieures à celles des États-Unis (665,3 milliards de dollars), du Japon (257,4 milliards de dollars), de l'Allemagne (203,7 milliards de dollars), de l'URSS (181,1 milliards de dollars) et de la France (159,8 milliards de dollars). Les dépenses publiques par habitant en Birmanie étaient inférieures à celles de la France (2 826,9 de dollars), des États-Unis (2 778,2 de dollars), de l'Allemagne (2 611,1 de dollars), du Japon (2 122,5 de dollars) et de l'URSS (658,0 de dollars). La croissance des dépenses publiques en Birmanie était supérieure à celle de l'Allemagne (0,98%); mais inférieure à celle de l'URSS (5,4%), du Japon (3,5%), de la France (2,8%) et des États-Unis (2,6%).

Les années 1990

Les dépense publique de la Birmanie étaient de 858,9 millions de dollars par an dans les années 1990, se situant au 111ème rang mondial à égalité avec le Salvador (864,9 millions de dollars), la République dominicaine (866,9 millions de dollars), Trinité-et-Tobago (875,2 millions de dollars). La part dans le monde était de 0,018% et de 0,078% en Asie.

La part des dépenses publiques dans le PIB de la Birmanie était de 10,9% dans les années 1990, au 169ème rang mondial, à égalité avec Macao (10,9%), la Zambie (11,0%).

Les dépense publique par habitant en Birmanie étaient de 19.6 dollars dans les années 1990, se classant au 199ème rang mondial. Les dépenses publiques par habitant en Birmanie étaient 42,0 fois inférieures les dépenses publiques par habitant au Monde (824,8 US$), et 16,2 fois inférieures les dépense publique par habitant en Asie (318,7 US$).

La croissance des dépenses publiques en Birmanie était de 3.5% dans les années 1990, se situant au 65ème rang mondial, à égalité avec la Pologne (3,5%), l'Angola (3,5%), la Mauritanie (3,5%). La croissance des dépenses publiques en Birmanie (3,5%) a été supérieure à celle du monde (2,0%), et inférieure à celle de l'Asie (5,0%).

Comparaison avec les voisins. Les dépenses publiques de la Birmanie étaient supérieures à celles du Laos (107,1 millions de dollars); mais inférieures à celles de la Chine (102,2 milliards de dollars), de l'Inde (40,1 milliards de dollars), de la Thaïlande (15,2 milliards de dollars) et du Bangladesh (1,7 milliards de dollars). Les dépenses publiques par habitant en Birmanie étaient supérieures à celles du Bangladesh (14,5 de dollars); mais inférieures à celles de la Thaïlande (256,4 de dollars), de la Chine (82,9 de dollars), de l'Inde (42,0 de dollars) et du Laos (22,5 de dollars). La croissance des dépenses publiques en Birmanie était inférieure à celle de la Chine (12,0%), de la Thaïlande (6,6%), de l'Inde (6,1%), du Laos (5,8%) et du Bangladesh (4,6%).

Comparaison avec les leaders. Les dépense publique de la Birmanie étaient inférieures à celles des États-Unis (1,1 billions de dollars), du Japon (651,8 milliards de dollars), de l'Allemagne (419,6 milliards de dollars), de la France (325,4 milliards de dollars) et du Royaume-Uni (234,6 milliards de dollars). Les dépense de consommation publique par habitant en Birmanie étaient inférieures à celles de la France (5 479,6 de dollars), de l'Allemagne (5 203,8 de dollars), du Japon (5 169,1 de dollars), des États-Unis (4 287,3 de dollars) et du Royaume-Uni (4 053,6 de dollars). La croissance des dépenses publiques en Birmanie était supérieure à celle du Japon (3,0%), de l'Allemagne (2,4%), du Royaume-Uni (2,1%), de la France (1,8%) et des États-Unis (1,3%).

Les années 2000

Les dépense de consommation publique de la Birmanie étaient de 1,4 milliards de dollars par an dans les années 2000, au 114ème rang mondial à égalité avec le Mozambique (1,4 milliards de dollars), l'Ouganda (1,4 milliards de dollars), la Namibie (1,4 milliards de dollars). La part dans le monde était de 0,018% et de 0,073% en Asie.

La part des dépenses publiques dans le PIB de la Birmanie était de 8,1% dans les années 2000, au 198ème rang mondial, à égalité avec le Paraguay (8,1%).

Les dépenses publiques par habitant en Birmanie étaient de 28.1 dollars dans les années 2000, se situant au 203ème rang mondial, à égalité avec le Liberia (28,5 de dollars). Les dépense de consommation publique par habitant en Birmanie étaient 42,7 fois inférieures

Chapitre XII. Dépenses publiques

les dépenses publiques par habitant au Monde (1 200,9 US$), et 17,0 fois inférieures les dépense publique par habitant en Asie (477,4 US$).

La croissance des dépenses publiques en Birmanie était de 10.7% dans les années 2000, au 13ème rang mondial, à égalité avec les Maldives (10,6%), le Mozambique (10,7%). La croissance des dépenses publiques en Birmanie (10,7%) a été supérieure à celle du monde (3,1%), et supérieure à celle de l'Asie (5,3%).

Comparaison avec les voisins. Les dépenses publiques de la Birmanie étaient supérieures à celles du Laos (282,2 millions de dollars); mais inférieures à celles de la Chine (362,5 milliards de dollars), de l'Inde (89,0 milliards de dollars), de la Thaïlande (27,3 milliards de dollars) et du Bangladesh (3,4 milliards de dollars). Les dépenses publiques par habitant en Birmanie étaient supérieures à celles du Bangladesh (24,4 de dollars); mais inférieures à celles de la Thaïlande (418,8 de dollars), de la Chine (273,3 de dollars), de l'Inde (78,2 de dollars) et du Laos (49,3 de dollars). La croissance des dépenses publiques en Birmanie était supérieure à celle de la Chine (9,3%), du Bangladesh (7,3%), de l'Inde (5,7%) et de la Thaïlande (5,2%); mais inférieure à celle du Laos (13,3%).

Comparaison avec les leaders. Les dépense de consommation publique de la Birmanie étaient inférieures à celles des États-Unis (1,9 billions de dollars), du Japon (844,2 milliards de dollars), de l'Allemagne (520,1 milliards de dollars), de la France (479,9 milliards de dollars) et du Royaume-Uni (453,4 milliards de dollars). Les dépense publique par habitant en Birmanie étaient inférieures à celles de la France (7 640,9 de dollars), du Royaume-Uni (7 501,5 de dollars), du Japon (6 586,4 de dollars), des États-Unis (6 545,9 de dollars) et de l'Allemagne (6 389,7 de dollars). La croissance des dépenses publiques en Birmanie était supérieure à celle du Royaume-Uni (2,9%), des États-Unis (2,2%), du Japon (1,7%), de la France (1,7%) et de l'Allemagne (1,4%).

Les années 2010

Les dépense de consommation publique de la Birmanie étaient de 9,5 milliards de dollars par an dans les années 2010, au 70ème rang mondial à égalité avec la Slovénie (9,4 milliards de dollars), la Bulgarie (9,4 milliards de dollars). La part dans le monde était de 0,072% et de 0,22% en Asie.

La part des dépenses publiques dans le PIB de la Birmanie était de 14,4% dans les années 2010, se classant au 132ème rang mondial, à égalité avec l'Irlande (14,5%), la Colombie (14,4%), la Guinée-Bissau (14,5%).

Les dépense de consommation publique par habitant en Birmanie étaient de 180.6 dollars dans les années 2010, se classant au 174ème rang mondial, à égalité avec l'Inde (181,8 de dollars), le Kenya (184,5 de dollars). Les dépense de consommation publique par habitant en Birmanie étaient 9,9 fois inférieures les dépenses publiques par habitant au Monde (1 785,1 US$), et 5,4 fois inférieures les dépense publique par habitant en Asie (970,7 US$).

La croissance des dépenses publiques en Birmanie était de 5.8% dans les années 2010, se classant au 32ème rang mondial, à égalité avec les Tuvalu (5,8%), le Pakistan (5,8%). La croissance des dépenses publiques en Birmanie (5,8%) a été supérieure à celle du monde (2,3%), et supérieure à celle de l'Asie (5,2%).

Comparaison avec les voisins. Les dépense publique de la Birmanie étaient 5,0 fois supérieures à celles du Laos (1,9 milliards de dollars); mais 177,4 fois inférieures à celles de la Chine (1,7 billions de dollars), 25,0 fois inférieures à celles de l'Inde (236,7 milliards de dollars), 7,4 fois inférieures à celles de la Thaïlande (70,1 milliards de dollars) et 13,9% inférieures à celles du Bangladesh (11,0 milliards de dollars). Les dépense publique par habitant en Birmanie étaient 2,6 fois supérieures à celles du Bangladesh (70,8 de dollars); mais 6,6 fois inférieures à celles de la Chine (1 197,3 de dollars), 5,7 fois inférieures à celles de la Thaïlande (1 023,5 de dollars), 36,2% inférieures à celles du Laos (283,1 de dollars) et 0,67% inférieures à celles de l'Inde (181,8 de dollars). La croissance des dépenses publiques en Birmanie était supérieure à celle de l'Inde (5,7%) et de la Thaïlande (3,7%); mais inférieure à celle de la Chine (8,3%), du Bangladesh (7,9%) et du Laos (6,1%).

Comparaison avec les leaders. Les dépenses publiques de la Birmanie étaient 280,3 fois inférieures à celles des États-Unis (2,7 billions de dollars), 177,4 fois inférieures à celles de la Chine (1,7 billions de dollars), 110,2 fois inférieures à celles du Japon (1,0 billions de dollars), 76,2 fois inférieures à celles de l'Allemagne (721,6 milliards de dollars) et 67,4 fois inférieures à celles de la France (637,9 milliards de dollars). Les dépense de consommation publique par habitant en Birmanie étaient 53,2 fois inférieures à celles de la France (9 617,6 de dollars), 48,8 fois inférieures à celles de l'Allemagne (8 815,0 de dollars), 46,0 fois inférieures à celles des États-Unis (8 304,9 de dollars), 45,1 fois inférieures à celles du Japon (8 152,8 de dollars) et 6,6 fois inférieures à celles de la Chine (1 197,3 de dollars). La croissance des dépenses publiques en Birmanie était supérieure à celle de l'Allemagne (1,9%), du Japon (1,3%), de la France (1,3%) et des États-Unis (0,0052%); mais inférieure à celle de la Chine (8,3%).

Chapitre XIII. Dépenses ménagères

Dépenses de consommation des ménages

Les dépenses ménagères de la Birmanie sont passés de 3,0 milliards de dollars par an dans les années 1970 à 36,9 milliards de dollars par an dans les années 2010, c'est-à-dire 33,9 milliards de dollars ou de 12,3 fois. La variation a été de 13,2 milliards de dollars en raison de l'augmentation de 1,6 fois des prix, et de 18,6 milliards de dollars en raison de la croissance du taux par habitant de 4,6 fois, et de 2,2 milliards de dollars en raison de la croissance démographique. La croissance annuelle moyenne des dépenses ménagères était de 4,9%. La valeur minimale était de 2,2 milliards de dollars en 1970. La valeur maximale était de 42,3 milliards de dollars en 2019.

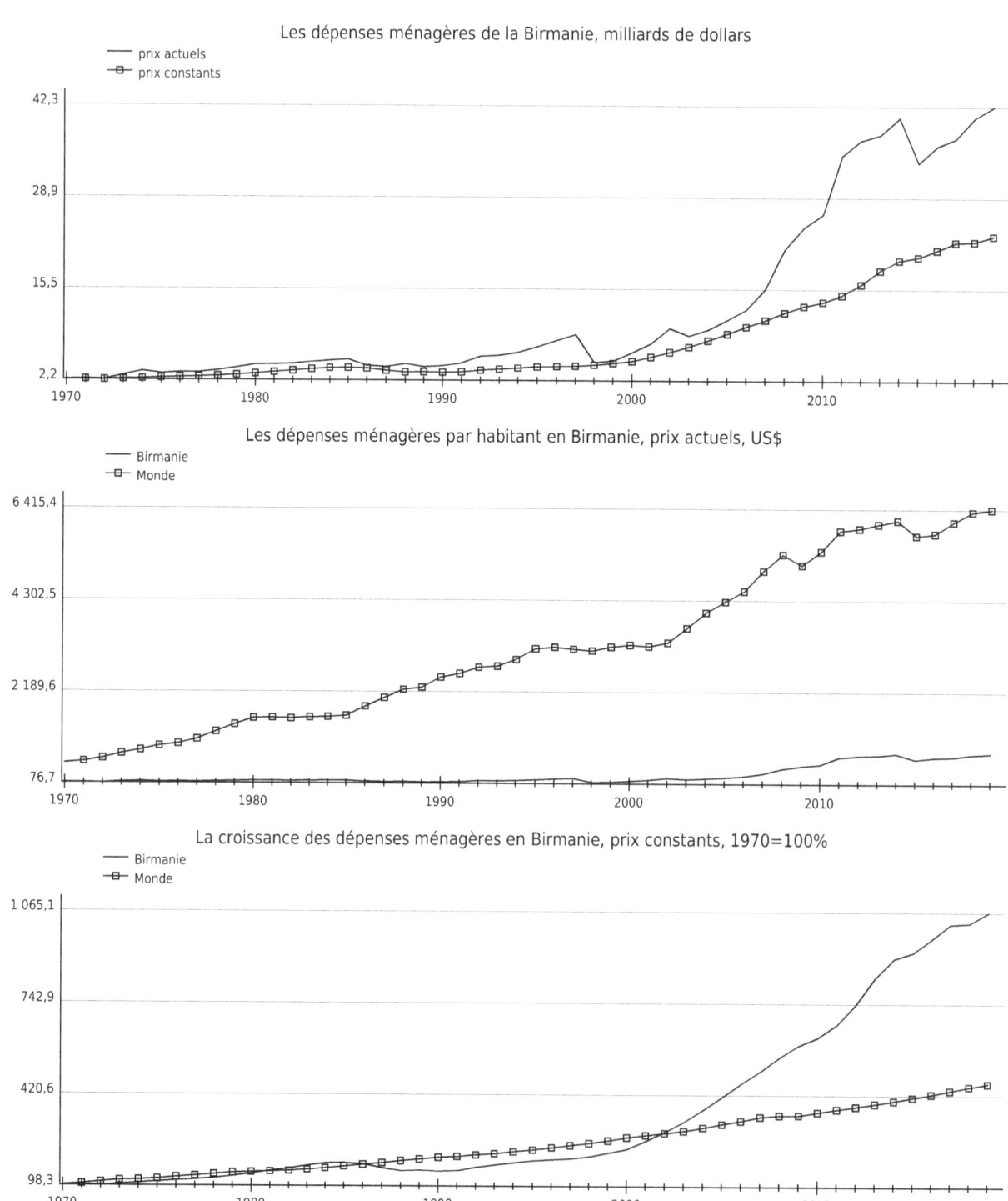

Chapitre XIII. Dépenses ménagères

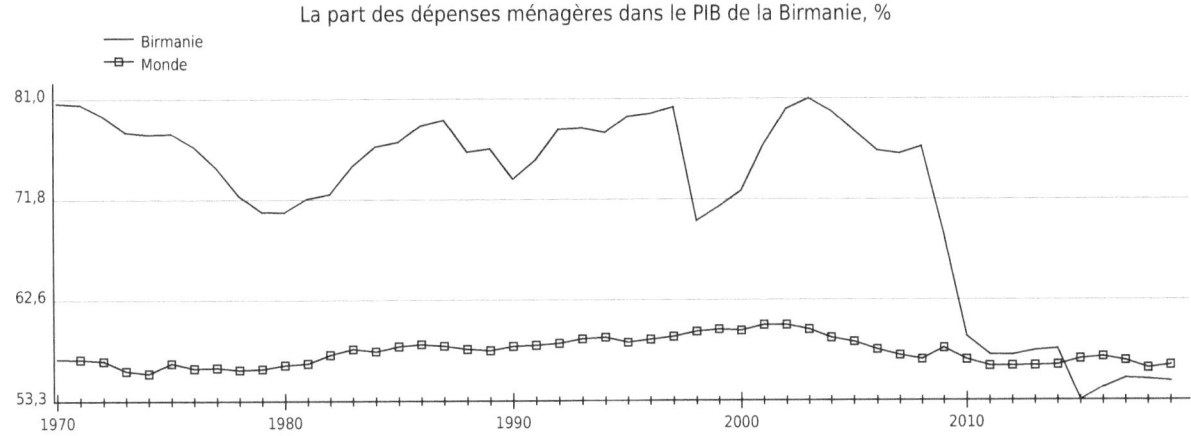

Les années 1970

Les dépenses ménagères de la Birmanie étaient de 3,0 milliards de dollars par an dans les années 1970, se situant au 68ème rang mondial à égalité avec la République dominicaine (3,0 milliards de dollars), le Sri Lanka (3,0 milliards de dollars), le Koweït (3,0 milliards de dollars). La part dans le monde était de 0,081% et de 0,46% en Asie.

La part des dépenses ménagères dans le PIB de la Birmanie était de 76,1% dans les années 1970, se situant au 45ème rang mondial, à égalité avec la Jordanie (76,1%), le Sénégal (76,0%), le Guatemala (75,7%).

Les dépenses ménagères par habitant en Birmanie étaient de 99.2 dollars dans les années 1970, se situant au 175ème rang mondial, à égalité avec le Mali (99,3 de dollars), la Somalie (99,4 de dollars). Les dépenses ménagères par habitant en Birmanie étaient 9,2 fois inférieures les dépenses ménagères par habitant au Monde (914,8 US$), et 2,8 fois inférieures les dépenses ménagères par habitant en Asie (282,4 US$).

La croissance des dépenses ménagères en Birmanie était de 3.1% dans les années 1970, se classant au 136ème rang mondial, à égalité avec l'Australasie (3,1%), l'Océanie (3,1%). La croissance des dépenses ménagères en Birmanie (3,1%) a été inférieure à celle du monde (4,1%), et inférieure à celle de l'Asie (5,2%).

Comparaison avec les voisins. Les dépenses ménagères de la Birmanie étaient supérieures à celles du Laos (177,4 millions de dollars); mais inférieures à celles de la Chine (79,3 milliards de dollars), de l'Inde (77,8 milliards de dollars), de la Thaïlande (9,7 milliards de dollars) et du Bangladesh (8,0 milliards de dollars). Les dépenses ménagères par habitant en Birmanie étaient supérieures à celles de la Chine (86,8 de dollars) et du Laos (59,4 de dollars); mais inférieures à celles de la Thaïlande (232,7 de dollars), de l'Inde (126,1 de dollars) et du Bangladesh (114,9 de dollars). La croissance des dépenses ménagères en Birmanie était supérieure à celle du Laos (3,0%), de l'Inde (2,7%) et du Bangladesh (-2,5%); mais inférieure à celle de la Thaïlande (6,3%) et de la Chine (4,3%).

Comparaison avec les leaders. Les dépenses ménagères de la Birmanie étaient inférieures à celles des États-Unis (1,0 billions de dollars), de l'URSS (310,6 milliards de dollars), du Japon (280,9 milliards de dollars), de l'Allemagne (277,8 milliards de dollars) et de la France (180,7 milliards de dollars). Les dépenses ménagères par habitant en Birmanie étaient inférieures à celles des États-Unis (4 744,5 de dollars), de l'Allemagne (3 527,2 de dollars), de la France (3 371,0 de dollars), du Japon (2 523,0 de dollars) et de l'URSS (1 231,6 de dollars). La croissance des dépenses ménagères en Birmanie était inférieure à celle du Japon (5,1%), de l'URSS (4,7%), de la France (4,0%), des États-Unis (3,6%) et de l'Allemagne (3,6%).

Les années 1980

Les dépenses ménagères de la Birmanie étaient de 4,6 milliards de dollars par an dans les années 1980, se classant au 79ème rang mondial à égalité avec l'Irak (4,6 milliards de dollars). La part dans le monde était de 0,052% et de 0,24% en Asie.

La part des dépenses ménagères dans le PIB de la Birmanie était de 75,3% dans les années 1980, se situant au 48ème rang mondial, à égalité avec Micronésie (75,3%), la Jordanie (75,2%), la Grenade (75,2%).

Les dépenses ménagères par habitant en Birmanie étaient de 121.2 dollars dans les années 1980, se situant au 182ème rang mondial. Les dépenses ménagères par habitant en Birmanie étaient 14,9 fois inférieures les dépenses ménagères par habitant au Monde (1 808,0 US$), et 5,5 fois inférieures les dépenses ménagères par habitant en Asie (666,0 US$).

La croissance des dépenses ménagères en Birmanie était de 1.5% dans les années 1980, se situant au 145ème rang mondial, à égalité avec le Niger (1,5%). La croissance des dépenses ménagères en Birmanie (1,5%) a été inférieure à celle du monde (3,0%), et inférieure à celle de l'Asie (4,7%).

Comparaison avec les voisins. Les dépenses ménagères de la Birmanie étaient supérieures à celles du Laos (528,0 millions de dollars); mais inférieures à celles de l'Inde (176,1 milliards de dollars), de la Chine (169,3 milliards de dollars), de la Thaïlande (26,9 milliards de dollars) et du Bangladesh (17,1 milliards de dollars). Les dépenses ménagères par habitant en Birmanie étaient inférieures à celles de la Thaïlande (520,8 de dollars), de l'Inde (226,8 de dollars), du Bangladesh (189,9 de dollars), de la Chine (157,8 de dollars) et du Laos (144,3 de dollars). La croissance des dépenses ménagères en Birmanie était inférieure à celle de la Chine (8,8%), du Laos (6,8%), de la Thaïlande (5,5%), de l'Inde (4,7%) et du Bangladesh (3,7%).

Comparaison avec les leaders. Les dépenses ménagères de la Birmanie étaient inférieures à celles des États-Unis (2,6 billions de dollars), du Japon (945,6 milliards de dollars), de l'Allemagne (575,7 milliards de dollars), de l'URSS (424,6 milliards de dollars) et du Royaume-Uni (416,5 milliards de dollars). Les dépenses ménagères par habitant en Birmanie étaient inférieures à celles des États-Unis (10 904,4 de dollars), du Japon (7 796,6 de dollars), de l'Allemagne (7 378,3 de dollars), du Royaume-Uni (7 376,3 de dollars) et de l'URSS (1 542,8 de dollars). La croissance des dépenses ménagères en Birmanie était inférieure à celle du Japon (3,7%), du Royaume-Uni (3,5%), des États-Unis (3,2%), de l'URSS (3,0%) et de l'Allemagne (1,8%).

Les années 1990

Les dépenses ménagères de la Birmanie étaient de 6,1 milliards de dollars par an dans les années 1990, se situant au 90ème rang mondial. La part dans le monde était de 0,036% et de 0,15% en Asie.

La part des dépenses ménagères dans le PIB de la Birmanie était de 76,9% dans les années 1990, se classant au 46ème rang mondial, à égalité avec la Tanzanie (76,8%), la Bolivie (76,7%), le Togo (77,1%).

Les dépenses ménagères par habitant en Birmanie étaient de 139.1 dollars dans les années 1990, se situant au 204ème rang mondial. Les dépenses ménagères par habitant en Birmanie étaient 21,3 fois inférieures les dépenses ménagères par habitant au Monde (2 963,9 US$), et 8,7 fois inférieures les dépenses ménagères par habitant en Asie (1 208,2 US$).

La croissance des dépenses ménagères en Birmanie était de 3.5% dans les années 1990, se classant au 80ème rang mondial, à égalité avec le Portugal (3,5%), le Nigeria (3,5%). La croissance des dépenses ménagères en Birmanie (3,5%) a été supérieure à celle du monde (3,0%), et inférieure à celle de l'Asie (4,4%).

Comparaison avec les voisins. Les dépenses ménagères de la Birmanie étaient supérieures à celles du Laos (1,3 milliards de dollars); mais inférieures à celles de la Chine (329,8 milliards de dollars), de l'Inde (234,2 milliards de dollars), de la Thaïlande (69,0 milliards de dollars) et du Bangladesh (29,2 milliards de dollars). Les dépenses ménagères par habitant en Birmanie étaient inférieures à celles de la Thaïlande (1 163,0 de dollars), du Laos (273,9 de dollars), de la Chine (267,5 de dollars), du Bangladesh (255,7 de dollars) et de l'Inde (245,2 de dollars). La croissance des dépenses ménagères en Birmanie était supérieure à celle du Bangladesh (2,5%); mais inférieure à celle de la Chine (8,6%), du Laos (4,8%), de la Thaïlande (4,8%) et de l'Inde (4,8%).

Comparaison avec les leaders. Les dépenses ménagères de la Birmanie étaient inférieures à celles des États-Unis (4,9 billions de dollars), du Japon (2,3 billions de dollars), de l'Allemagne (1,2 billions de dollars), du Royaume-Uni (884,5 milliards de dollars) et de la France (783,0 milliards de dollars). Les dépenses ménagères par habitant en Birmanie étaient inférieures à celles des États-Unis (18 538,8 de dollars), du Japon (18 170,3 de dollars), du Royaume-Uni (15 280,6 de dollars), de l'Allemagne (15 158,9 de dollars) et de la France (13 185,2 de dollars). La croissance des dépenses ménagères en Birmanie était supérieure à celle des États-Unis (3,4%), du Royaume-Uni (2,8%), de l'Allemagne (2,1%), du Japon (1,8%) et de la France (1,8%).

Les années 2000

Les dépenses ménagères de la Birmanie étaient de 12,7 milliards de dollars par an dans les années 2000, se classant au 84ème rang mondial à égalité avec la Tanzanie (12,7 milliards de dollars), le Salvador (12,8 milliards de dollars), le Luxembourg (13,1 milliards de dollars). La part dans le monde était de 0,047% et de 0,20% en Asie.

La part des dépenses ménagères dans le PIB de la Birmanie était de 75,5% dans les années 2000, se situant au 57ème rang mondial, à égalité avec le Bénin (75,4%), le Soudan (75,8%), le Bangladesh (75,2%).

Les dépenses ménagères par habitant en Birmanie étaient de 261.7 dollars dans les années 2000, se classant au 203ème rang mondial, à égalité avec le Népal (265,5 de dollars), Madagascar (256,0 de dollars). Les dépenses ménagères par habitant en Birmanie

Chapitre XIII. Dépenses ménagères

étaient 16,1 fois inférieures les dépenses ménagères par habitant au Monde (4 208,2 US$), et 6,3 fois inférieures les dépenses ménagères par habitant en Asie (1 649,6 US$).

La croissance des dépenses ménagères en Birmanie était de 10.7% dans les années 2000, se classant au 11ème rang mondial, à égalité avec la Biélorussie (10,8%). La croissance des dépenses ménagères en Birmanie (10,7%) a été supérieure à celle du monde (3,0%), et supérieure à celle de l'Asie (4,4%).

Comparaison avec les voisins. Les dépenses ménagères de la Birmanie étaient supérieures à celles du Laos (2,4 milliards de dollars); mais inférieures à celles de la Chine (1,0 billions de dollars), de l'Inde (483,5 milliards de dollars), de la Thaïlande (106,2 milliards de dollars) et du Bangladesh (48,6 milliards de dollars). Les dépenses ménagères par habitant en Birmanie étaient inférieures à celles de la Thaïlande (1 631,9 de dollars), de la Chine (766,3 de dollars), de l'Inde (424,8 de dollars), du Laos (413,9 de dollars) et du Bangladesh (353,9 de dollars). La croissance des dépenses ménagères en Birmanie était supérieure à celle de la Chine (8,9%), du Laos (7,6%), de l'Inde (5,2%), de la Thaïlande (4,4%) et du Bangladesh (4,2%).

Comparaison avec les leaders. Les dépenses ménagères de la Birmanie étaient inférieures à celles des États-Unis (8,5 billions de dollars), du Japon (2,6 billions de dollars), de l'Allemagne (1,5 billions de dollars), du Royaume-Uni (1,5 billions de dollars) et de la France (1,1 billions de dollars). Les dépenses ménagères par habitant en Birmanie étaient inférieures à celles des États-Unis (28 799,1 de dollars), du Royaume-Uni (24 959,3 de dollars), du Japon (20 355,9 de dollars), de l'Allemagne (18 912,2 de dollars) et de la France (18 146,8 de dollars). La croissance des dépenses ménagères en Birmanie était supérieure à celle des États-Unis (2,4%), du Royaume-Uni (2,1%), de la France (2,0%), du Japon (0,81%) et de l'Allemagne (0,46%).

Les années 2010

Les dépenses ménagères de la Birmanie étaient de 36,9 milliards de dollars par an dans les années 2010, au 74ème rang mondial. La part dans le monde était de 0,084% et de 0,28% en Asie.

La part des dépenses ménagères dans le PIB de la Birmanie était de 56,3% dans les années 2010, se situant au 145ème rang mondial, à égalité avec l'Europe du Nord (56,6%), l'Australie (55,8%), le Monde (56,8%).

Les dépenses ménagères par habitant en Birmanie étaient de 704.6 dollars dans les années 2010, se classant au 186ème rang mondial, à égalité avec le Turkménistan (707,8 de dollars). Les dépenses ménagères par habitant en Birmanie étaient 8,5 fois inférieures les dépenses ménagères par habitant au Monde (6 018,5 US$), et 4,2 fois inférieures les dépenses ménagères par habitant en Asie (2 977,2 US$).

La croissance des dépenses ménagères en Birmanie était de 6% dans les années 2010, se classant au 23ème rang mondial. La croissance des dépenses ménagères en Birmanie (6,0%) a été supérieure à celle du monde (2,8%), et supérieure à celle de l'Asie (4,9%).

Comparaison avec les voisins. Les dépenses ménagères de la Birmanie étaient 3,9 fois supérieures à celles du Laos (9,4 milliards de dollars); mais 106,4 fois inférieures à celles de la Chine (3,9 billions de dollars), 34,9 fois inférieures à celles de l'Inde (1,3 billions de dollars), 5,9 fois inférieures à celles de la Thaïlande (216,4 milliards de dollars) et 3,7 fois inférieures à celles du Bangladesh (136,9 milliards de dollars). Les dépenses ménagères par habitant en Birmanie étaient 4,5 fois inférieures à celles de la Thaïlande (3 158,8 de dollars), 4,0 fois inférieures à celles de la Chine (2 801,9 de dollars), 49,7% inférieures à celles du Laos (1 399,9 de dollars), 28,8% inférieures à celles de l'Inde (989,3 de dollars) et 20,0% inférieures à celles du Bangladesh (881,1 de dollars). La croissance des dépenses ménagères en Birmanie était supérieure à celle du Bangladesh (5,5%) et de la Thaïlande (3,2%); mais inférieure à celle de la Chine (8,3%), du Laos (7,0%) et de l'Inde (6,8%).

Comparaison avec les leaders. Les dépenses ménagères de la Birmanie étaient 330,2 fois inférieures à celles des États-Unis (12,2 billions de dollars), 106,4 fois inférieures à celles de la Chine (3,9 billions de dollars), 80,9 fois inférieures à celles du Japon (3,0 billions de dollars), 53,0 fois inférieures à celles de l'Allemagne (2,0 billions de dollars) et 48,3 fois inférieures à celles du Royaume-Uni (1,8 billions de dollars). Les dépenses ménagères par habitant en Birmanie étaient 54,2 fois inférieures à celles des États-Unis (38 161,2 de dollars), 38,6 fois inférieures à celles du Royaume-Uni (27 164,8 de dollars), 34,0 fois inférieures à celles de l'Allemagne (23 925,0 de dollars), 33,1 fois inférieures à celles du Japon (23 352,2 de dollars) et 4,0 fois inférieures à celles de la Chine (2 801,9 de dollars). La croissance des dépenses ménagères en Birmanie était supérieure à celle des États-Unis (2,4%), du Royaume-Uni (1,8%), de l'Allemagne (1,4%) et du Japon (0,64%); mais inférieure à celle de la Chine (8,3%).

Chapitre XIV. Consommation de nourriture

Au cours de la période de recherche, la consommation alimentaire des produits suivants a augmenté: racines riches (de 9,2 fois), œufs (de 8,6 fois), alcool (de 7,0 fois), viande (de 5,9 fois), poisson (de 3,9 fois), stimulants (de 3,9 fois), sucre (de 3,7 fois), lait (de 3,5 fois), noix (de 3,1 fois), épices (de 2,9 fois), légumes (de 2,6 fois), légumineuses (de 2,5 fois), fruits (de 62,3%), huiles végétales (de 62,1%), céréales (de 22,2%).

Voici les coefficients de corrélation entre le RNB par habitant à prix constants et la consommation alimentaire: poisson (0.997), œufs (0.995), viande (0.994), légumineuses (0.991), racines riches (0.991), stimulants (0.988), noix (0.984), lait (0.981), épices (0.975), alcool (0.974), fruits (0.952), sucre (0.916), légumes (0.904), céréales (0.803), huiles végétales (0.763).

Les années 1970

La consommation de kcal en Birmanie était de 1 494,4 kcal/jour par habitant dans les années 1970, au 148ème rang mondial. La consommation de kcal en Birmanie était inférieur à celui dans le monde (2 403,2 kcal/jour par habitant), et était inférieur à celui en Asie (2 080,9 kcal/jour par habitant). La consommation de kcal avait la structure suivante: céréales (71%), huiles végétales (8.4%), légumineuses (3.9%), sucre (3%), viande (2.9%), et d'autres (10.8%).

La consommation de protéines en Birmanie était de 39,3 g/jour par habitant dans les années 1970, au 143ème rang mondial. La consommation de protéines en Birmanie était inférieur à celui dans le monde (65,0 g/jour par habitant), et était inférieur à celui en Asie (52,3 g/jour par habitant). La consommation de protéines avait la structure suivante: céréales (63.3%), poisson (9.4%), légumineuses (8.8%), viande (5.6%), légumes (3.2%), et d'autres (9.7%).

La consommation de graisse en Birmanie était de 29,7 g/jour par habitant dans les années 1970, se classant au 135ème rang mondial à égalité avec la Corée du Nord (29,7 g/jour par habitant), la Tanzanie (29,8 g/jour par habitant), l'Asie du Sud-Est (30,0 g/jour par habitant). La consommation de graisse en Birmanie était inférieur à celui dans le monde (55,1 g/jour par habitant), et était inférieur à celui en Asie (31,8 g/jour par habitant). La consommation de graisse avait la structure suivante: huiles végétales (47.7%), céréales (16.1%), viande (12.4%), poisson (2.6%), lait (2.2%), et d'autres (19%).

Voici les niveaux de consommation alimentaire dans le classement mondial: 29ème - épices (0,83 kg/habitant/an), 53ème - noix (0,70 kg/habitant/an), 58ème - légumineuses (6,1 kg/habitant/an), 60ème - poisson (13,8 kg/habitant/an), 85ème - céréales (114,7 kg/habitant/an), 91ème - légumes (31,5 kg/habitant/an), 93ème - huiles végétales (5,2 kg/habitant/an), 115ème - stimulants (0,47 kg/habitant/an), 122ème - œufs (0,73 kg/habitant/an), 127ème - fruits (23,5 kg/habitant/an), 132ème - lait (8,7 kg/habitant/an), 136ème - viande (6,6 kg/habitant/an), 137ème - sucre (4,6 kg/habitant/an), 141ème - alcool (0,39 kg/habitant/an), 147ème - racines riches (2,3 kg/habitant/an).

Les années 1980

La consommation de kcal en Birmanie était de 1 621,2 kcal/jour par habitant dans les années 1980, se classant au 147ème rang mondial. La consommation de kcal en Birmanie était inférieur à celui dans le monde (2 572,3 kcal/jour par habitant), et était inférieur à celui en Asie (2 333,4 kcal/jour par habitant). La consommation de kcal avait la structure suivante: céréales (67.3%), huiles végétales (10.1%), légumineuses (4.1%), sucre (3.7%), viande (2.9%), et d'autres (11.9%).

La consommation de protéines en Birmanie était de 42,5 g/jour par habitant dans les années 1980, se classant au 142ème rang mondial à égalité avec l'Angola (42,8 g/jour par habitant), Sierra Leone (42,1 g/jour par habitant). La consommation de protéines en Birmanie était inférieur à celui dans le monde (69,1 g/jour par habitant), et était inférieur à celui en Asie (58,8 g/jour par habitant). La consommation de protéines avait la structure suivante: céréales (60.3%), légumineuses (9.3%), poisson (9.1%), viande (5.9%), légumes (4%), et d'autres (11.4%).

La consommation de graisse en Birmanie était de 36,2 g/jour par habitant dans les années 1980, au 129ème rang mondial à égalité avec le Niger (36,2 g/jour par habitant), l'Inde (36,1 g/jour par habitant), la Namibie (36,4 g/jour par habitant). La consommation de graisse en Birmanie était inférieur à celui dans le monde (63,2 g/jour par habitant), et était inférieur à celui en Asie (42,6 g/jour par habitant). La consommation de graisse avait la structure suivante: huiles végétales (51%), céréales (13.8%), viande (11%), lait (2.8%), poisson (2.1%), et d'autres (19.3%).

Voici les niveaux de consommation alimentaire dans le classement mondial: 36ème - épices (0,79 kg/habitant/an), 43ème -

Chapitre XIV. Consommation de nourriture

légumineuses (6,9 kg/habitant/an), 57ème - noix (0,77 kg/habitant/an), 62ème - poisson (14,6 kg/habitant/an), 79ème - légumes (42,8 kg/habitant/an), 86ème - céréales (118,2 kg/habitant/an), 96ème - huiles végétales (6,7 kg/habitant/an), 111ème - œufs (1,1 kg/habitant/an), 119ème - stimulants (0,42 kg/habitant/an), 128ème - lait (13,8 kg/habitant/an), 129ème - fruits (21,0 kg/habitant/an), 132ème - sucre (6,1 kg/habitant/an), 137ème - viande (7,5 kg/habitant/an), 140ème - alcool (0,39 kg/habitant/an), 143ème - racines riches (5,6 kg/habitant/an).

Les années 1990

La consommation de kcal en Birmanie était de 1 760,4 kcal/jour par habitant dans les années 1990, se classant au 166ème rang mondial. La consommation de kcal en Birmanie était inférieur à celui dans le monde (2 652,6 kcal/jour par habitant), et était inférieur à celui en Asie (2 494,1 kcal/jour par habitant). La consommation de kcal avait la structure suivante: céréales (68.5%), huiles végétales (10.1%), sucre (4.7%), légumineuses (3.4%), viande (2.2%), et d'autres (11.1%).

La consommation de protéines en Birmanie était de 44,1 g/jour par habitant dans les années 1990, au 161ème rang mondial à égalité avec le Rwanda (43,9 g/jour par habitant), Sierra Leone (44,5 g/jour par habitant). La consommation de protéines en Birmanie était inférieur à celui dans le monde (72,1 g/jour par habitant), et était inférieur à celui en Asie (65,3 g/jour par habitant). La consommation de protéines avait la structure suivante: céréales (64.1%), poisson (8.2%), légumineuses (8.1%), viande (4.7%), légumes (4.5%), et d'autres (10.4%).

La consommation de graisse en Birmanie était de 37,3 g/jour par habitant dans les années 1990, se classant au 149ème rang mondial à égalité avec la Corée du Nord (37,3 g/jour par habitant), l'Azerbaïdjan (37,1 g/jour par habitant), le Mozambique (37,6 g/jour par habitant). La consommation de graisse en Birmanie était inférieur à celui dans le monde (69,0 g/jour par habitant), et était inférieur à celui en Asie (54,3 g/jour par habitant). La consommation de graisse avait la structure suivante: huiles végétales (54%), céréales (14.7%), viande (9%), lait (2.9%), poisson (2%), et d'autres (17.4%).

Voici les niveaux de consommation alimentaire dans le classement mondial: 55ème - épices (0,70 kg/habitant/an), 58ème - légumineuses (6,3 kg/habitant/an), 73ème - poisson (14,0 kg/habitant/an), 78ème - céréales (130,4 kg/habitant/an), 90ème - noix (0,71 kg/habitant/an), 93ème - légumes (50,2 kg/habitant/an), 104ème - huiles végétales (7,4 kg/habitant/an), 141ème - sucre (8,4 kg/habitant/an), 142ème - œufs (1,0 kg/habitant/an), 145ème - stimulants (0,44 kg/habitant/an), 149ème - lait (13,4 kg/habitant/an), 151ème - fruits (23,1 kg/habitant/an), 161ème - viande (6,3 kg/habitant/an), 165ème - racines riches (5,1 kg/habitant/an).

Les années 2000

La consommation de kcal en Birmanie était de 2 142,2 kcal/jour par habitant dans les années 2000, au 154ème rang mondial à égalité avec la Corée du Nord (2 143,3 kcal/jour par habitant), l'Afrique centrale (2 149,4 kcal/jour par habitant), le Botswana (2 154,6 kcal/jour par habitant). La consommation de kcal en Birmanie était inférieur à celui dans le monde (2 765,9 kcal/jour par habitant), et était inférieur à celui en Asie (2 619,0 kcal/jour par habitant). La consommation de kcal avait la structure suivante: céréales (59.4%), huiles végétales (7.6%), sucre (6.5%), viande (5.4%), légumineuses (4.5%), et d'autres (16.6%).

La consommation de protéines en Birmanie était de 61,5 g/jour par habitant dans les années 2000, au 122ème rang mondial à égalité avec les Caraïbes (61,6 g/jour par habitant), le Nigeria (61,3 g/jour par habitant), l'Afrique de l'Ouest (61,2 g/jour par habitant). La consommation de protéines en Birmanie était inférieur à celui dans le monde (76,5 g/jour par habitant), et était inférieur à celui en Asie (70,9 g/jour par habitant). La consommation de protéines avait la structure suivante: céréales (48.6%), poisson (12.4%), viande (10.7%), légumineuses (9.7%), légumes (4.8%), et d'autres (13.8%).

La consommation de graisse en Birmanie était de 49,6 g/jour par habitant dans les années 2000, au 140ème rang mondial à égalité avec le Cameroun (49,6 g/jour par habitant). La consommation de graisse en Birmanie était inférieur à celui dans le monde (76,9 g/jour par habitant), et était inférieur à celui en Asie (64,4 g/jour par habitant). La consommation de graisse avait la structure suivante: huiles végétales (37.3%), viande (19.7%), céréales (11.8%), poisson (3.5%), lait (3.4%), et d'autres (24.3%).

Voici les niveaux de consommation alimentaire dans le classement mondial: 30ème - épices (1,6 kg/habitant/an), 31ème - légumineuses (10,3 kg/habitant/an), 35ème - poisson (29,4 kg/habitant/an), 73ème - noix (1,5 kg/habitant/an), 86ème - légumes (72,1 kg/habitant/an), 113ème - œufs (3,3 kg/habitant/an), 127ème - viande (20,2 kg/habitant/an), 128ème - huiles végétales (6,8 kg/habitant/an), 136ème - sucre (14,3 kg/habitant/an), 143ème - lait (20,4 kg/habitant/an), 148ème - stimulants (0,76 kg/habitant/an), 150ème - fruits (32,4 kg/habitant/an), 163ème - alcool (0,76 kg/habitant/an), 164ème - racines riches (11,8 kg/habitant/an).

Les années 2010

La consommation de kcal en Birmanie était de 2 541,8 kcal/jour par habitant dans les années 2010, se classant au 127ème rang mondial à égalité avec le Niger (2 545,3 kcal/jour par habitant), le Salvador (2 547,0 kcal/jour par habitant), le Lesotho (2 549,5 kcal/jour par habitant). La consommation de kcal en Birmanie était inférieur à celui dans le monde (2 869,3 kcal/jour par habitant), et était inférieur à celui en Asie (2 759,8 kcal/jour par habitant). La consommation de kcal avait la structure suivante: céréales (50.8%), viande (8.8%), huiles végétales (8%), sucre (6.5%), légumineuses (5.6%), et d'autres (20.3%).

La consommation de protéines en Birmanie était de 82,0 g/jour par habitant dans les années 2010, au 81ème rang mondial à égalité avec la Serbie (82,2 g/jour par habitant), d'Antigua-et-Barbuda (82,3 g/jour par habitant), la Mauritanie (81,7 g/jour par habitant). La consommation de protéines en Birmanie était supérieur à celui dans le monde (80,6 g/jour par habitant), et était supérieur à celui en Asie (76,7 g/jour par habitant). La consommation de protéines avait la structure suivante: céréales (37.1%), poisson (17.2%), viande (15.5%), légumineuses (10.6%), lait (4.7%), et d'autres (14.9%).

La consommation de graisse en Birmanie était de 70,2 g/jour par habitant dans les années 2010, au 108ème rang mondial à égalité avec les Caraïbes (70,4 g/jour par habitant). La consommation de graisse en Birmanie était inférieur à celui dans le monde (82,4 g/jour par habitant), et était inférieur à celui en Asie (72,1 g/jour par habitant). La consommation de graisse avait la structure suivante: huiles végétales (32.7%), viande (26.7%), céréales (8.6%), poisson (4.7%), lait (3.7%), et d'autres (23.6%).

Voici les niveaux de consommation alimentaire dans le classement mondial: 10ème - poisson (53,8 kg/habitant/an), 15ème - légumineuses (15,1 kg/habitant/an), 28ème - épices (2,4 kg/habitant/an), 63ème - noix (2,2 kg/habitant/an), 67ème - céréales (140,2 kg/habitant/an), 74ème - légumes (82,2 kg/habitant/an), 88ème - œufs (6,3 kg/habitant/an), 96ème - viande (38,9 kg/habitant/an), 116ème - huiles végétales (8,4 kg/habitant/an), 122ème - stimulants (1,8 kg/habitant/an), 132ème - sucre (17,0 kg/habitant/an), 134ème - lait (31,0 kg/habitant/an), 148ème - fruits (38,2 kg/habitant/an), 149ème - racines riches (21,6 kg/habitant/an), 154ème - alcool (2,7 kg/habitant/an).

Partie V. Reproduction

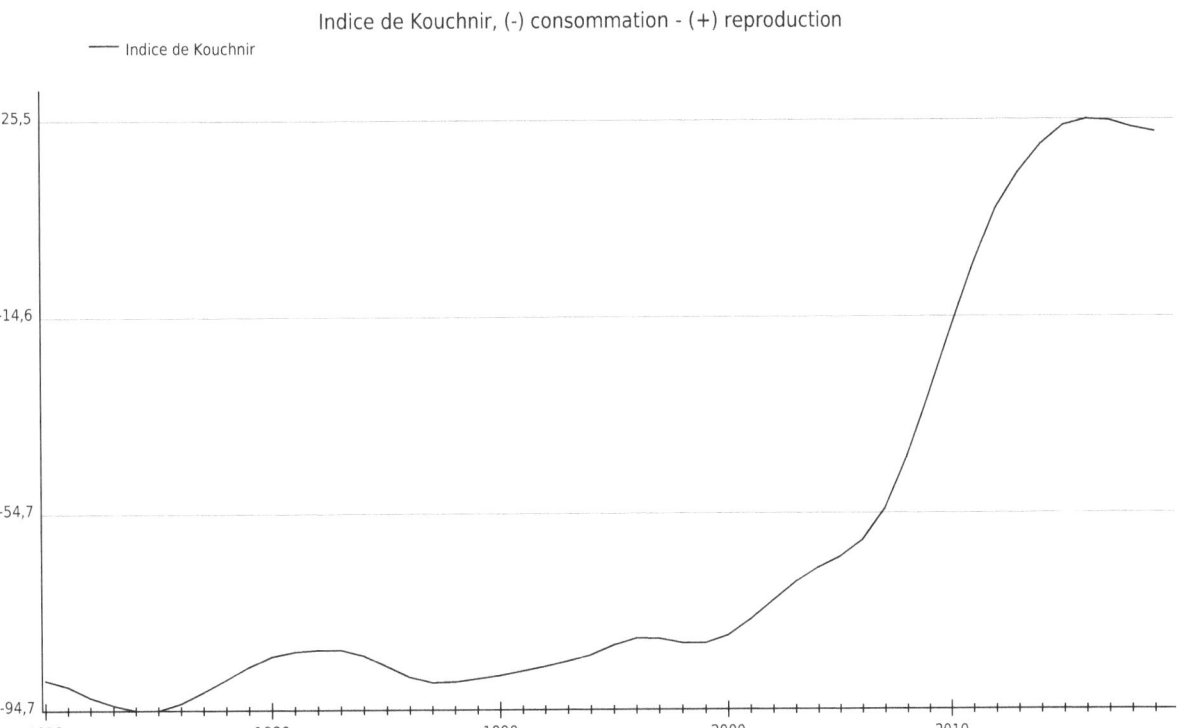
Indice de Kouchnir, (-) consommation - (+) reproduction

Chapitre XV. Formation de capital fixe

Formation brute de capital fixe

La formation de capital de la Birmanie est passé de 498,5 millions de dollars par an dans les années 1970 à 20,3 milliards de dollars par an dans les années 2010, c'est-à-dire 19,8 milliards de dollars ou de 40,8 fois. La variation a été de -28,2 milliards de dollars en raison de la baisse de 2,4 fois du prix, et de 47,7 milliards de dollars en raison de la croissance du taux par habitant de 56,3 fois, et de 363,2 millions de dollars en raison de la croissance démographique. La croissance annuelle moyenne de la formation de capital était de 10,7%. La valeur minimale était de 273,2 millions de dollars en 1972. La valeur maximale était de 23,8 milliards de dollars en 2019.

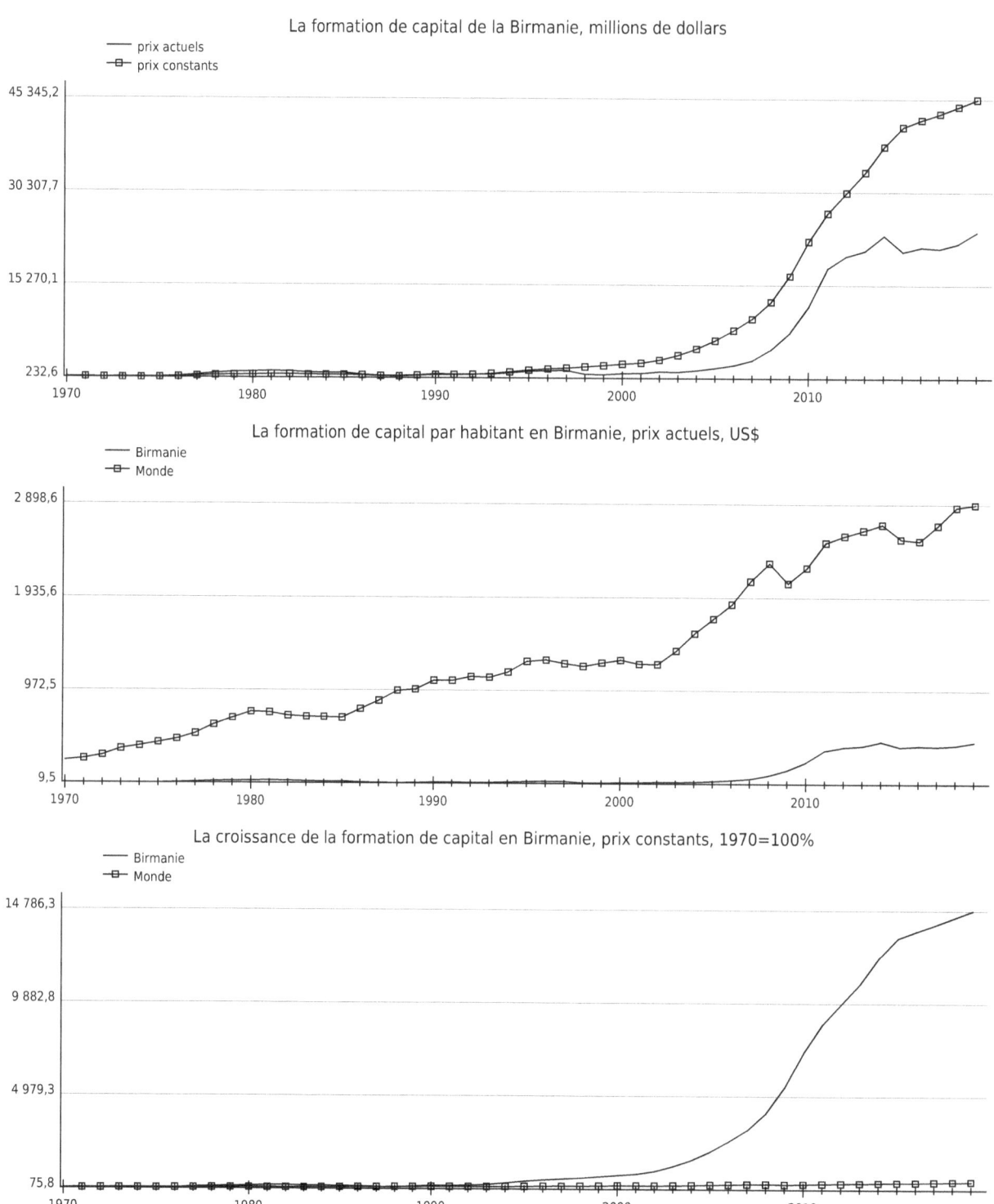

Chapitre XV. Formation de capital fixe

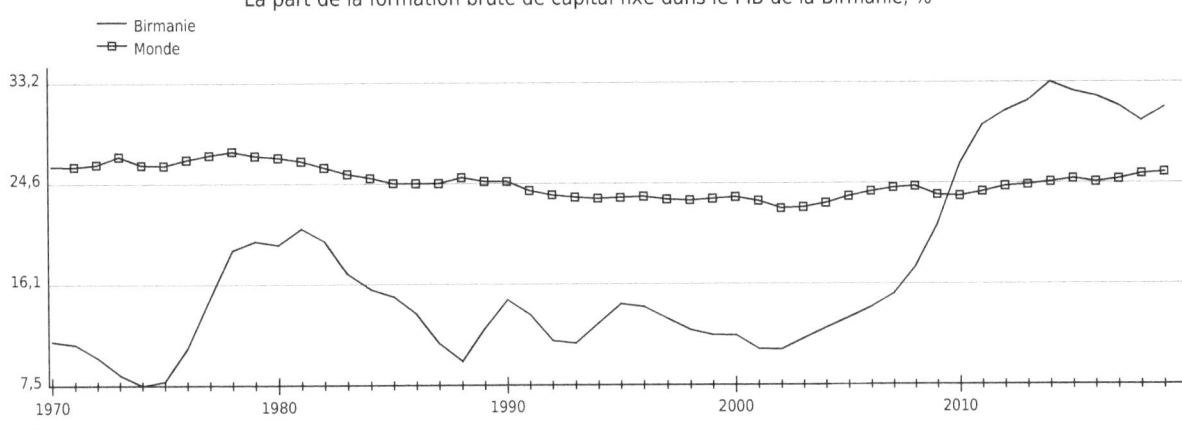

La part de la formation brute de capital fixe dans le PIB de la Birmanie, %

Les années 1970

La formation de capital fixe de la Birmanie était de 498,5 millions de dollars par an dans les années 1970, au 90ème rang mondial à égalité avec l'Islande (495,3 millions de dollars), Bahreïn (511,2 millions de dollars). La part dans le monde était de 0,028% et de 0,14% en Asie.

La part de la formation brute de capital fixe dans le PIB de la Birmanie était de 12,6% dans les années 1970, se classant au 164ème rang mondial.

La formation de capital fixe par habitant en Birmanie était de 16.4 dollars dans les années 1970, se situant au 176ème rang mondial. La formation de capital par habitant en Birmanie était 26,4 fois inférieure la formation de capital fixe par habitant au Monde (433,5 US$), et 9,2 fois inférieure la formation de capital fixe par habitant en Asie (151,1 US$).

La croissance de la formation brute de capital fixe en Birmanie était de 8.8% dans les années 1970, au 53ème rang mondial. La croissance de la formation brute de capital fixe en Birmanie (8,8%) a été supérieure à celle du monde (4,2%), et supérieure à celle de l'Asie (6,2%).

Comparaison avec les voisins. La formation de capital fixe de la Birmanie était supérieure à celle du Laos (14,9 millions de dollars); mais inférieure à celle de la Chine (43,9 milliards de dollars), de l'Inde (18,0 milliards de dollars), de la Thaïlande (4,2 milliards de dollars) et du Bangladesh (980,6 millions de dollars). La formation de capital par habitant en Birmanie était supérieure à celle du Bangladesh (14,0 de dollars) et du Laos (5,0 de dollars); mais inférieure à celle de la Thaïlande (100,5 de dollars), de la Chine (48,0 de dollars) et de l'Inde (29,2 de dollars). La croissance de la formation brute de capital fixe en Birmanie était supérieure à celle de la Chine (7,5%), de la Thaïlande (6,7%), de l'Inde (4,7%) et du Laos (2,9%); mais inférieure à celle du Bangladesh (11,5%).

Comparaison avec les leaders. La formation de capital de la Birmanie était inférieure à celle des États-Unis (381,9 milliards de dollars), de l'URSS (214,6 milliards de dollars), du Japon (191,6 milliards de dollars), de l'Allemagne (125,8 milliards de dollars) et de la France (82,9 milliards de dollars). La formation de capital fixe par habitant en Birmanie était inférieure à celle des États-Unis (1 750,0 de dollars), du Japon (1 720,7 de dollars), de l'Allemagne (1 597,2 de dollars), de la France (1 545,4 de dollars) et de l'URSS (850,9 de dollars). La croissance de la formation de capital en Birmanie était supérieure à celle des États-Unis (4,4%), du Japon (3,9%), de l'URSS (3,2%), de la France (2,7%) et de l'Allemagne (1,5%).

Les années 1980

La formation de capital de la Birmanie était de 942,9 millions de dollars par an dans les années 1980, se classant au 90ème rang mondial à égalité avec la Papouasie-Nouvelle-Guinée (955,0 millions de dollars). La part dans le monde était de 0,025% et de 0,095% en Asie.

La part de la formation brute de capital fixe dans le PIB de la Birmanie était de 15,6% dans les années 1980, se classant au 149ème rang mondial, à égalité avec la Côte d'Ivoire (15,6%), le Bénin (15,7%).

La formation de capital par habitant en Birmanie était de 25.1 dollars dans les années 1980, se classant au 179ème rang mondial. La formation de capital fixe par habitant en Birmanie était 31,5 fois inférieure la formation de capital fixe par habitant au Monde (790,9 US$), et 13,9 fois inférieure la formation de capital par habitant en Asie (349,2 US$).

La croissance de la formation de capital en Birmanie était de -0.4% dans les années 1980, se classant au 134ème rang mondial. La croissance de la formation de capital en Birmanie (-0,40%) a été inférieure à celle du monde (2,5%), et inférieure à celle de l'Asie (4,8%).

Comparaison avec les voisins. La formation de capital fixe de la Birmanie était supérieure à celle du Laos (57,2 millions de dollars); mais inférieure à celle de la Chine (98,1 milliards de dollars), de l'Inde (53,5 milliards de dollars), de la Thaïlande (13,7 milliards de dollars) et du Bangladesh (3,6 milliards de dollars). La formation de capital par habitant en Birmanie était supérieure à celle du Laos (15,6 de dollars); mais inférieure à celle de la Thaïlande (264,7 de dollars), de la Chine (91,5 de dollars), de l'Inde (68,9 de dollars) et du Bangladesh (40,0 de dollars). La croissance de la formation de capital en Birmanie était inférieure à celle du Laos (16,0%), de la Thaïlande (8,5%), de la Chine (7,5%), de l'Inde (5,4%) et du Bangladesh (4,2%).

Comparaison avec les leaders. La formation de capital fixe de la Birmanie était inférieure à celle des États-Unis (958,4 milliards de dollars), du Japon (571,7 milliards de dollars), de l'URSS (271,0 milliards de dollars), de l'Allemagne (238,1 milliards de dollars) et de la France (164,3 milliards de dollars). La formation de capital fixe par habitant en Birmanie était inférieure à celle du Japon (4 713,7 de dollars), des États-Unis (4 002,1 de dollars), de l'Allemagne (3 052,1 de dollars), de la France (2 907,7 de dollars) et de l'URSS (984,8 de dollars). La croissance de la formation de capital en Birmanie était inférieure à celle du Japon (4,8%), des États-Unis (3,1%), de la France (2,4%), de l'URSS (1,7%) et de l'Allemagne (1,4%).

Les années 1990

La formation de capital de la Birmanie était de 1,0 milliards de dollars par an dans les années 1990, se classant au 114ème rang mondial à égalité avec le Yémen (1,0 milliards de dollars). La part dans le monde était de 0,015% et de 0,045% en Asie.

La part de la formation de capital dans le PIB de la Birmanie était de 12,9% dans les années 1990, au 188ème rang mondial, à égalité avec l'Afghanistan (12,9%), le Soudan (12,9%).

La formation de capital par habitant en Birmanie était de 23.4 dollars dans les années 1990, se situant au 202ème rang mondial. La formation de capital fixe par habitant en Birmanie était 50,6 fois inférieure la formation de capital fixe par habitant au Monde (1 183,8 US$), et 28,3 fois inférieure la formation de capital fixe par habitant en Asie (661,5 US$).

La croissance de la formation brute de capital fixe en Birmanie était de 13.7% dans les années 1990, au 11ème rang mondial. La croissance de la formation brute de capital fixe en Birmanie (13,7%) a été supérieure à celle du monde (2,8%), et supérieure à celle de l'Asie (4,3%).

Comparaison avec les voisins. La formation de capital fixe de la Birmanie était supérieure à celle du Laos (250,3 millions de dollars); mais inférieure à celle de la Chine (233,7 milliards de dollars), de l'Inde (91,4 milliards de dollars), de la Thaïlande (48,0 milliards de dollars) et du Bangladesh (7,0 milliards de dollars). La formation de capital fixe par habitant en Birmanie était inférieure à celle de la Thaïlande (809,6 de dollars), de la Chine (189,5 de dollars), de l'Inde (95,7 de dollars), du Bangladesh (61,5 de dollars) et du Laos (52,5 de dollars). La croissance de la formation de capital en Birmanie était supérieure à celle de la Chine (12,7%), de l'Inde (7,9%), du Bangladesh (7,6%), du Laos (6,8%) et de la Thaïlande (-0,54%).

Comparaison avec les leaders. La formation de capital de la Birmanie était inférieure à celle des États-Unis (1,6 billions de dollars), du Japon (1,3 billions de dollars), de l'Allemagne (520,7 milliards de dollars), de la France (299,3 milliards de dollars) et du Royaume-Uni (250,0 milliards de dollars). La formation de capital par habitant en Birmanie était inférieure à celle du Japon (10 425,9 de dollars), de l'Allemagne (6 456,6 de dollars), des États-Unis (6 067,2 de dollars), de la France (5 039,5 de dollars) et du Royaume-Uni (4 319,1 de dollars). La croissance de la formation brute de capital fixe en Birmanie était supérieure à celle des États-Unis (4,8%), de l'Allemagne (2,4%), du Royaume-Uni (1,7%), de la France (1,5%) et du Japon (0,18%).

Les années 2000

La formation de capital fixe de la Birmanie était de 2,6 milliards de dollars par an dans les années 2000, au 108ème rang mondial à égalité avec la Bosnie-Herzégovine (2,6 milliards de dollars), le Paraguay (2,5 milliards de dollars), le Salvador (2,5 milliards de dollars). La part dans le monde était de 0,023% et de 0,072% en Asie.

La part de la formation de capital dans le PIB de la Birmanie était de 15,3% dans les années 2000, se classant au 190ème rang mondial, à égalité avec la Bolivie (15,2%), les Salomon (15,4%), le Pakistan (15,4%).

La formation de capital fixe par habitant en Birmanie était de 53.1 dollars dans les années 2000, se situant au 198ème rang mondial. La formation de capital fixe par habitant en Birmanie était 31,9 fois inférieure la formation de capital par habitant au Monde (1 690,7

Chapitre XV. Formation de capital fixe

US$), et 17,1 fois inférieure la formation de capital par habitant en Asie (905,5 US$).

La croissance de la formation de capital en Birmanie était de 22.1% dans les années 2000, se situant au 3ème rang mondial. La croissance de la formation brute de capital fixe en Birmanie (22,1%) a été supérieure à celle du monde (3,5%), et supérieure à celle de l'Asie (6,8%).

Comparaison avec les voisins. La formation de capital fixe de la Birmanie était supérieure à celle du Laos (960,2 millions de dollars); mais inférieure à celle de la Chine (1,0 billions de dollars), de l'Inde (279,8 milliards de dollars), de la Thaïlande (48,3 milliards de dollars) et du Bangladesh (16,2 milliards de dollars). La formation de capital fixe par habitant en Birmanie était inférieure à celle de la Chine (782,2 de dollars), de la Thaïlande (741,9 de dollars), de l'Inde (245,8 de dollars), du Laos (167,8 de dollars) et du Bangladesh (117,5 de dollars). La croissance de la formation brute de capital fixe en Birmanie était supérieure à celle de la Chine (13,4%), du Laos (10,7%), de l'Inde (9,5%), du Bangladesh (8,1%) et de la Thaïlande (4,7%).

Comparaison avec les leaders. La formation de capital fixe de la Birmanie était inférieure à celle des États-Unis (2,8 billions de dollars), du Japon (1,2 billions de dollars), de la Chine (1,0 billions de dollars), de l'Allemagne (557,7 milliards de dollars) et de la France (463,9 milliards de dollars). La formation de capital fixe par habitant en Birmanie était inférieure à celle des États-Unis (9 376,4 de dollars), du Japon (8 981,8 de dollars), de la France (7 386,7 de dollars), de l'Allemagne (6 851,1 de dollars) et de la Chine (782,2 de dollars). La croissance de la formation de capital en Birmanie était supérieure à celle de la Chine (13,4%), de la France (1,6%), des États-Unis (0,43%), de l'Allemagne (-0,56%) et du Japon (-2,0%).

Les années 2010

La formation de capital de la Birmanie était de 20,3 milliards de dollars par an dans les années 2010, au 66ème rang mondial à égalité avec l'Éthiopie (20,6 milliards de dollars), la Slovaquie (20,7 milliards de dollars). La part dans le monde était de 0,11% et de 0,23% en Asie.

La part de la formation brute de capital fixe dans le PIB de la Birmanie était de 31,0% dans les années 2010, au 30ème rang mondial, à égalité avec le Kirghizistan (31,0%).

La formation de capital fixe par habitant en Birmanie était de 387.8 dollars dans les années 2010, au 166ème rang mondial, à égalité avec la Papouasie-Nouvelle-Guinée (390,1 de dollars). La formation de capital par habitant en Birmanie était 6,8 fois inférieure la formation de capital fixe par habitant au Monde (2 621,1 US$), et 5,2 fois inférieure la formation de capital par habitant en Asie (2 007,4 US$).

La croissance de la formation de capital en Birmanie était de 10.5% dans les années 2010, se classant au 12ème rang mondial, à égalité avec l'Est (10,4%). La croissance de la formation de capital en Birmanie (10,5%) a été supérieure à celle du monde (4,1%), et supérieure à celle de l'Asie (6,0%).

Comparaison avec les voisins. La formation de capital fixe de la Birmanie était 5,0 fois supérieure à celle du Laos (4,0 milliards de dollars); mais 222,5 fois inférieure à celle de la Chine (4,5 billions de dollars), 34,3 fois inférieure à celle de l'Inde (696,8 milliards de dollars), 5,1 fois inférieure à celle de la Thaïlande (103,2 milliards de dollars) et 2,8 fois inférieure à celle du Bangladesh (56,9 milliards de dollars). La formation de capital par habitant en Birmanie était 5,9% supérieure à celle du Bangladesh (366,4 de dollars); mais 8,3 fois inférieure à celle de la Chine (3 224,9 de dollars), 3,9 fois inférieure à celle de la Thaïlande (1 506,7 de dollars), 35,6% inférieure à celle du Laos (602,4 de dollars) et 27,5% inférieure à celle de l'Inde (535,2 de dollars). La croissance de la formation brute de capital fixe en Birmanie était supérieure à celle du Bangladesh (8,9%), de la Chine (8,0%), du Laos (7,1%), de l'Inde (5,8%) et de la Thaïlande (3,8%).

Comparaison avec les leaders. La formation de capital de la Birmanie était 222,5 fois inférieure à celle de la Chine (4,5 billions de dollars), 177,1 fois inférieure à celle des États-Unis (3,6 billions de dollars), 59,5 fois inférieure à celle du Japon (1,2 billions de dollars), 37,0 fois inférieure à celle de l'Allemagne (752,5 milliards de dollars) et 34,3 fois inférieure à celle de l'Inde (696,8 milliards de dollars). La formation de capital fixe par habitant en Birmanie était 29,0 fois inférieure à celle des États-Unis (11 264,9 de dollars), 24,4 fois inférieure à celle du Japon (9 460,2 de dollars), 23,7 fois inférieure à celle de l'Allemagne (9 192,9 de dollars), 8,3 fois inférieure à celle de la Chine (3 224,9 de dollars) et 27,5% inférieure à celle de l'Inde (535,2 de dollars). La croissance de la formation brute de capital fixe en Birmanie était supérieure à celle de la Chine (8,0%), de l'Inde (5,8%), des États-Unis (3,8%), de l'Allemagne (2,8%) et du Japon (1,8%).

www.ingramcontent.com/pod-product-compliance
Lightning Source LLC
Chambersburg PA
CBHW080523220526
45465CB00006B/2582